DES

TRANSACTIONS.

THÈSE POUR LE DOCTORAT

SOUTENUE

A LA FACULTÉ DE DROIT DE STRASBOURG

LE SAMEDI 1er MAI 1852, A MIDI,

PAR

AUGUSTE ADAM,

AVOCAT.

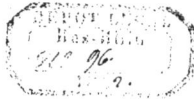

STRASBOURG,

IMPRIMERIE D'ÉDOUARD HUDER, RUE DES VEAUX, 27.

1852.

A LA MÉMOIRE DE MON ONCLE

EDMOND ADAM,

SUBSTITUT DU PROCUREUR DU ROI A FORT-ROYAL (MARTINIQUE).

A. ADAM.

A MON PÈRE ET A MA MÈRE.

A. ADAM.

FACULTÉ DE DROIT DE STRASBOURG.

MM. AUBRY ✳. . . . . . . doyen et prof. de Droit civil français.
RAUTER ✳ . . . . . . doyen honor. et prof. de procédure
civile et de législation criminelle.
HEPP ✳ . . . . professeur de Droit des gens.
HEIMBURGER. . . . . professeur de Droit romain.
THIERIET ✳ . . . . . professeur de Droit commercial.
SCHÜTZENBERGER ✳ . professeur de Droit administratif.
RAU ✳. . . . . professeur de Droit civil français.
ESCHBACH . . . . . . professeur de Droit civil français.

BLŒCHEL ✳ . . . . . professeur honoraire.

DESTRAIS. . . . . . . professeur suppléant.
LUQUIAU . . . . professeur suppléant.

BÉCOURT , officier de l'Université, secrétaire, agent compt.

MM. SCHÜTZENBERGER, président de la thèse.

SCHÜTZENBERGER, ⎞
RAU, ⎜
ESCHBACH, ⎬ examinateurs.
AUBRY, ⎜
DESTRAIS, ⎠

DES TRANSACTIONS.

(Code Napoléon, art. 2044 — 2058.)

CHAPITRE PREMIER.

PRÉLIMINAIRES.

Notion, définition et caractères de la transaction.

Sommaire.

1

1. Le bon accord des particuliers est le gage le plus certain de la paix et de la prospérité générales, et les discussions privées ne sont pas étrangères à l'ardeur des luttes publiques. Le bon droit ne doit point capituler avec l'injustice, le bien ne doit rien céder au mal; mais les intérêts peuvent et doivent se concilier par la modération et la sage bienveillance de ceux qui les invoquent.

Le parti pris, les prétentions trop absolues, trop exclusives, sont un dissolvant funeste pour le repos et l'harmonie des sociétés; un procès, quelque légitime qu'il puisse être, sera toujours une source de dépenses parfois onéreuses, et trop souvent il suscite des scandales regrettables, des animosités haineuses, qui, loin de tomber par le temps, s'irritent et s'opiniâtrent davantage dans la lenteur des procédures et l'âpreté des contradictions.

2. Les rapports qui peuvent se créer entre les hommes sont multiples et infinis; le législateur devait, après avoir tracé les dispositions qui les concernent, indiquer avec soin les moyens de régler à leur tour les différends que ces rapports peuvent faire surgir. D'un côté, c'est la justice qui adjuge, condamne ou absout suivant la rigueur du droit; de l'autre, c'est la transaction, convention conciliatrice, dans laquelle les parties, juges elles-mêmes de leurs prétentions, préviennent ou terminent par des concessions raisonnables, et faites de part et d'autre, des procès toujours funestes pour la bonne entente de leurs relations et la sécurité de leurs intérêts. Un contrat qui peut avoir des résultats aussi bienfaisants, et qui se trouve si intimement lié à l'intérêt de la tranquillité des familles et de la paix entre les citoyens, devait être et a été traité avec une faveur marquée par le législateur. Bartole le considérait comme l'un des plus utiles

entre tous ceux qui ont été réglés par les lois romaines, et
les législateurs du Code n'ont pas oublié quelle importance
il présentait sous le rapport de l'intérêt général.

5. La loi, dans sa sollicitude, a tâché, par maint heureux
expédient, d'arrêter les citoyens sur l'abîme des procès ;
elle leur fournit les moyens de pacifier leurs différends, et
va même jusqu'à les forcer de faire un retour sur eux-
mêmes et de faire appel à leur raison et à leur modération,
avant de permettre qu'ils ne s'engagent dans un litige. C'est
ainsi qu'elle les arrête au seuil de la justice, dans le but
d'accommoder leurs différends par l'heureuse intervention du
magistrat de paix. C'est ce que l'on appelle le préliminaire
de conciliation, tentative faite au nom de la loi elle-même,
pour prévenir les luttes judiciaires, et dont l'un des buts
est de faire transiger les parties.

Cette institution conciliatrice était depuis longtemps réclamée par la philosophie : et voilà ce qu'écrivait à ce sujet
Voltaire en 1745 : «La meilleure loi, le plus excellent usage,
le plus utile que j'ai jamais vu, c'est en Hollande. Quand
deux hommes veulent plaider l'un contre l'autre, ils sont
obligés d'aller d'abord au tribunal des conciliateurs, appelés
faiseurs de paix. Si les parties arrivent avec un avocat ou
un procureur, on fait d'abord retirer ces derniers, comme
on ôte le bois d'un feu qu'on veut éteindre. Les faiseurs de
paix disent aux parties : Vous êtes de grands fous de vouloir manger votre argent et vous rendre mutuellement
malheureux, nous allons vous accommoder, sans qu'il vous
coûte rien. Si la rage de la chicane est trop forte dans ces
plaideurs, on les remet à un autre jour, afin que le temps
adoucisse les symptômes de leur maladie. Ensuite les juges
les envoient chercher une seconde, une troisième fois. Si leur
folie est incurable, on leur permet de plaider, comme on
abandonne au fer des chirurgiens des membres gangrenés.»
Idée fort raisonnable, sans doute, qui ne pouvait être exprimée avec plus d'esprit, mais qui eût peut-être réclamé
un interprète plus conciliateur que ne l'était l'esprit de Voltaire !

La révolution réalisa ces espérances ; on sait combien l'institution des justices de paix rencontra de faveur, on pourrait dire, de naïf enthousiasme. L'expérience depuis a quelque peu refroidi les vives sympathies qui avaient salué à sa naissance cette nouvelle juridiction paternelle ; et le préliminaire de conciliation en particulier a fini par dégénérer en une simple formalité, que la nécessité seule fait observer. Déjà lors de la confection du Code Nap., on avait perdu de vue l'efficacité de cette idée philanthropique qu'avait eue le législateur de 1791, de n'ouvrir l'accès des tribunaux qu'après l'épuisement de toutes les voies de conciliation. «Pourquoi, s'écriait alors Treilhard, faut-il qu'une si belle institution n'ait pas produit tout le bien qu'on devait en attendre, et que les effets aient si peu répondu aux espérances ? Pourquoi faut-il que le mal ait été assez grand, ou du moins le bien assez faible, pour que même de bons esprits proposent aujourd'hui de supprimer les tentatives de conciliation ? » Aujourd'hui, comme il y a cinquante ans, on peut se faire cette question, que nous n'essayerons pas de résoudre ici ; nous nous contenterons d'exprimer nos regrets de voir tomber en un usage banal une institution aussi sérieuse dans son principe, et qui pouvait être si féconde en excellents résultats. Quoi qu'il en soit, elle n'en subsiste pas moins dans nos lois comme une preuve de l'aversion du législateur contre les procès et la faveur que doit mériter aux yeux de tous la conciliation en général et la transaction en particulier.

4. La sollicitude de la loi a été plus loin encore : elle autorise l'arbitrage amiable, tribunal conciliateur choisi par les parties et qui transige en leur nom. Les amiables compositeurs, autrefois appelés arbitrateurs, ont le pouvoir de juger sans formalité judiciaire ; ils peuvent tempérer les rigueurs de la loi, écouter l'équité naturelle, *laxamentum legis*, comme l'appelle Senèque, et juger *non prout lex, sed prout humanitas aut misericordia impellit regere* (Sen. *De ben.*, t. 3, ch. 7). Un vieil auteur résume comme il suit la différence qui existe entre l'arbitre ordinaire et l'amiable

compositeur : *Differentia est inter arbitrum et arbitratorem ;
nam arbiter est qui judicis partes sustinet et qui cognoscit
ordinario judicio sicut judex ; arbitrator est qui non servato
juris ordine cognoscit et definit amicabiliter inter partes*
(Rolandinus, *In summa certis notariæ*, cap. 6 ; Argentræus,
Ad art. 18 veteris Const. britanniæ, p. 58 et 59). Cette
différence a été adoptée et consacrée par l'art. 1019 du
Code de procédure civile. Le but de l'arbitrage amiable,
c'est la transaction entre les parties ; c'est ce que faisait res-
sortir Cicéron dans les paroles suivantes : *Aliud est judicium,
aliud arbitrium ; judicium est pecuniæ certæ, arbitrium
incertæ ; ad judicium hoc modo venimus ut totam litem aut
obtineamus aut amittamus : ad arbitrium hoc animo adi-
mus, ut neque nihil, neque tantum, quantum postulavimus
consequantur... Quis unquam ad arbitrum, quantum petit,
tantum abstulit! Nemo* (Orat., *Pro Roscio comædo*, nᵒˢ 4,
5, 6).

5. Il est sans doute des cas où la loi défend à juste titre
de transiger : ceux, par exemple, où il s'agit de revendiquer des droits dérivant de la nature et de notre consti-
tution sociale, droits de puissance, d'autorité, de légitimité,
de filiation, qui, aux yeux du législateur, sont inaliénables
et fixés d'une manière imprescriptible à la personne de ceux
auxquels ils appartiennent.

Le Droit romain, lorsqu'il s'agissait de la liberté d'un
homme, défendait que l'on portât le différend devant la
juridiction des arbitres ; à plus forte raison les parties ne
pourraient-elles s'en déclarer elles-mêmes les juges suprêmes.
« *De liberali causa compromisso facto recte non appelletur arbiter sententiam dicere ; quia favor libertatis est ut majores
judices habere debeat.* » *Majores judices!* Or, des questions de
légitimité, de filiation, sont aussi précieuses que celles de
liberté, et si de pareils droits réclament en effet des juges
plus rigoureux que les arbitres, ils ne doivent pas non plus
dépendre de la volonté peut-être ignorante et mal guidée
des parties.

Il est aussi des litiges où, malgré la tolérance de la loi,

qui ne saurait tout prévoir et tout embrasser, l'intérêt social commande de ne point abdiquer ; ce sont ceux où la question individuelle se complique d'une question de morale publique; où le bon droit, l'équité, réclament contre une vexation et une oppression flagrantes, où l'honnêteté lutte contre le calcul, la fraude, la captation ; lorsqu'enfin le débat, même civil, renferme pour l'une des parties une question de répression et de flétrissure morales, et pour l'autre de réparation éclatante dont la société doit désirer le succès. Dans ces cas, il serait désirable qu'il n'y eût point de concessions ; mais dans tous les autres on ne saurait trop recommander aux parties d'arrêter les différends qui éclatent entre elles par un accord bien entendu de leurs prétentions opposées.

6. Les parties savent mieux que qui que ce soit, mieux que ceux qui les représentent, mieux que leurs juges, quels sont leurs véritables intérêts, et quel est souvent le sens réel des difficultés qui peuvent faire naître un procès entre elles ; bien des fois les ambiguités dont elles pourraient exciper, ne sont que des ambiguités de texte ou de forme. Les droits sont sujets à discussion des deux côtés; le doute existe même pour les jurisconsultes; l'interprétation est large et peut être complaisamment élargie ; l'un n'a pas tout à fait raison, l'autre n'a pas tout à fait tort ; tous deux pourraient plaider, arguer, exciper avec quelque chance de succès, en première instance d'abord, puis en appel, puis en cassation; il sera plus sage de prévenir ou de cesser à l'amiable une lutte judiciaire qui pourrait être mortelle pour l'un et l'autre. Que les parties se mettent au-dessus de leurs instincts processifs, qu'elles évitent aussi ces gens que dépeint Loyseau, «qui, sous prétexte d'un peu de routine, qu'ils ont apprise étant recors de sergent ou clercs de procureur, s'ingèrent à postuler pour les parties,» et qui, «quand ils ont une riche partie en main, savent bien allonger pratique, et faire durer la cause autant que son argent.» Les chances d'un procès sont séduisantes, mais les péripéties et les suites en sont souvent bien dures à porter.

Que les parties, plutôt que de se constituer plaideurs, se jugent elles-mêmes de bonne foi et honnêtement, et qu'elles concilient leurs intérêts, en rejetant des droits trop égoïstes, dont le triomphe coûterait peut-être à leur conscience; si elles n'y gagnent pas en fortune, elles y gagneront du moins quelque chose en sécurité et en bons rapports. *Multum lucratur qui a lite discedit;* une mauvaise transaction vaut mieux qu'un bon procès. Pétrone disait avec raison : *Mihi placet emere, quamvis nostrum sit, quod agnoscimus, et parvo œre recuperare potius thesaurum, quam in ambiguam litem discedere* (Satiric., XIV). Qu'elles aient soin surtout de dérober à la curiosité publique ces discussions acharnées, qui affligent trop souvent les familles; car l'on peut toujours dire avec Plutarque : «Là où les pères et parents de maintenant, s'ils ne sont éloignés les uns des autres par distances de climats tout entiers, et qu'il n'y ait de rivières qui les séparent ou des murailles qui les divisent et bornent leurs héritages, et qu'il n'y ait grands espaces vides entre eux, ils ne cessent d'avoir guerres et procès entre eux.» (Vie de Paul-Emile, trad. d'Amyot.)

8. Est-ce à dire pour cela que nous nous méfions de la justice, et que nous renouvelons contre elle des épigrammes et des satires, qui ne lui ont pas fait faute, toutes les fois que l'on a maudit et ridiculisé les procès. Non, la justice aujourd'hui est hors de pareilles atteintes; et tout l'esprit que l'on a pu faire sur la chicane se trouve à son égard sans portée. Ce n'est donc pas contre elle que nous nous faisons une arme de nos sympathies pour les voies conciliatrices; ce que nous voulons, c'est que les parties ne s'engagent pas à la légère dans des contestations funestes et quelquefois scandaleuses, qu'elles n'y restent pas engagées par pur entêtement; qu'elles épuisent enfin tous les moyens de se concilier, avant de se mettre en hostilité.

Il ne faut pas oublier non plus que les jugements humains ne sauraient être parfaits; que l'habileté peut les suspendre, et qu'il est impossible que la rigueur de droit ne blesse jamais l'équité; *summum jus, summa injuria.* Ce qui est bon et juste pour la généralité des cas, peut avoir des effets regrettables pour des espèces particulières et exceptionnelles, et par suite de l'impossibilité où se trouve le législateur, de tout prévoir et d'adopter une solution à chacune des questions que l'on peut soulever devant la justice, le juge est quelquefois placé dans la position pénible d'appliquer contre le vœu de sa conscience la loi dont il est l'interprète. Il n'a pas, comme l'avait le préteur à Rome, cette largeur d'interprétation; on pourrait même dire, cette sorte d'initiative législative, qui permettait à ce dernier de corriger la loi par des fictions et des détours, et de la maintenir au niveau des mœurs et de l'équité; prérogative que l'on peut critiquer en principe, mais qui de fait eut une action bienfaitrice sur la législation romaine, et par laquelle on sut concilier les besoins de la civilisation avec le respect religieux que Rome portait au vieux droit Quirite. Une telle latitude n'existe pas pour le juge en France, où règne le principe tutélaire de la séparation des pouvoirs judiciaires et législatifs ; le juge doit y obéir avant tout à la loi ; tout ce qu'il fait au dehors est un acte d'arbitraire, que l'équité et la bonne foi n'excusent jamais; car si l'application de la loi peut parfois léser les intérêts légitimes des particuliers, on ne saurait l'enfreindre sans porter atteinte au droit public et à l'intérêt général.

Si, d'un coté, la meilleure loi est celle qui laisse le moins à l'arbitraire du juge, le meilleur juge aussi est celui qui s'en permet le moins. *Optima lex est quæ minimum relinquit arbitrio judicis; optimus judex qui minimum sibi.* Folle est la sagesse de celui qui veut se montrer plus sage que la loi, disait d'Argentré qui, apostrophant ensuite les juges, leur disait : « Pourquoi jugez-vous la loi, vous qui n'êtes institués que pour juger suivant elle ? Vous imaginant être plus sages que les lois, vous leur insultez et vous raidissez vos prétendues consciences contre le droit public. Ou cessez de siéger, ou jugez selon les lois. » *Stulta videtur sapientia quæ lege vult sapientia videri. Cur de lege judicas, qui sedes ut secundum legem judices? Plus sibi sapere visi, insultant legibus et sibi conscientias architectantur contra publicas leges. Aut igitur sedere desinant, aut secundum leges judicent* (In nov. consuet., art. 627). La logique de l'équité, c'est l'arbitraire et le bon plaisir : il faut donc que le juge s'en méfie et juge strictement d'après la loi ; *dura lex, sed lex.* La justice peut donc quelquefois, par respect pour la loi, prononcer contre l'équité. On ne saurait lui en faire de reproche, puisque c'est son devoir ; mais alors les parties doivent avoir la sagesse de prévenir la rigueur de ses décisions, et la transaction leur en offre les moyens.

10. S'il est d'ailleurs une justice respectée des parties, c'est celle que se rendent les parties elles-mêmes après une discusion libre et complète de leurs intérêts réciproques. Le tribun Albisson disait très-bien dans son rapport que : « Si les jugements terminent les contestations civiles, si la prescription les absorbe, ce n'est pas le plus souvent sans laisser des regrets à la partie vaincue ou repoussée, sans jeter entre les contendants des germes d'animosité dont tôt ou tard les développements pourront leur être funestes. La loi leur prête et leur doit prêter toute sa force, parce qu'il importe à la société que la sollicitude et les dangers des procès aient un terme, mais elle ne peut rien sur les ressentiments particuliers que peut faire naître l'application et même la plus juste et la plus impartiale de son autorité. » Or si l'on a vu des plaideurs maudire leurs juges, il ne s'en trouvera pas un pour réclamer contre la sentence qu'il aura prononcée sur lui-même, si dure qu'elle puisse être. L'amour-propre, à défaut d'autre motif, lui commandera toujours de respecter la loi qu'il s'est faite à lui-même ; *voluit et volenti non fit injuria ;* et s'il laisse éclater son dépit, on lui répondra avec raison : *patere legem quam ipse tulisti.*

11. Tout concourt donc pour assurer à la transaction la faveur des parties, et il serait à désirer, dans l'intérêt de tous comme dans celui de chacun en particulier, des familles comme de la société tout entière, qu'elle vînt plus souvent arrêter et assoupir des contestations trop fréquentes pour la paix et le bonheur publics.

2

12. Nous avons tâché de mettre en évidence quelle était l'utilité et la moralité de la transaction, et dans quel esprit le législateur a tracé les règles qui concernent ce contrat; nous allons maintenant entreprendre de le définir juridiquement.

13. La transaction, dans le sens le plus large que l'on peut attribuer à ce mot, est tout accommodement entre deux ou plusieurs personnes sur un droit litigieux entre elles ou du moins incertain, et qui a pour but de faire cesser le litige ou l'incertitude. La transaction dans ce sens comprend également le compromis et la délation du serment décisoire.

Dans un sens assez général encore, le mot transaction embrasse toutes sortes de conventions d'intérêt : c'est ainsi que le Code de commerce emploie fréquemment les mots de transactions commerciales pour désigner l'ensemble des opérations du commerce ; c'est ainsi encore que l'on dit transactions civiles, en entendant par là les conventions quelconques par lesquelles les hommes règlent leurs rapports et leurs affaires.

14. Dans son acception juridique, la transaction est un contrat synallagmatique parfait, par lequel les contractants, en renonçant chacun à une partie de ses prétentions ou en se faisant des concessions réciproques, terminent une contestation née ou préviennent une contestation à naître (art. 2044); *litigiis jam motis seu postea movendis* (L. ult., C. II, IV).

15. La définition que nous venons de donner nous semble plus complète que celle de l'art. 2044, et rend d'une façon plus saillante le caractère véritable de la transaction. Celle que donne le Code, empruntée à Pothier, ne parle point de sacrifices réciproques comme d'une condition essentielle à l'essence de la transaction : ce qui ferait supposer que le Code embrasse dans une même définition une variété d'actes différents de la transaction, tels que la renonciation, le désistement, l'acquiescement, les actes de confirmation, qui eux aussi terminent une contestation née ou préviennent

une contestation à naître, mais qui, au contraire de la transaction, n'exigent point de sacrifices réciproques. C'est là
cependant, à notre avis, le caractère constitutif de toute
transaction.

16. Néanmoins, des auteurs prétendent le contraire, et
soutiennent que le contrat peut valoir comme transaction ,
quoiqu'il n'y ait de sacrifice que d'un côté. Nous invoque-
rons d'abord, en réponse de cette opinion, la décision du
Droit romain , sur lequel le législateur du Code Napoléon
a calqué les principales dispositions qui concernent la
transaction. La loi 31 du Code *de trans.* porte en termes
exprès et bien formels, qu'il n'y a point de transaction s'il
n'y a pas d'abandon fait par chacun des contractants d'une
partie de ses prétentions ou de promesse que fait l'un d'eux
à l'autre de quelque chose, pour avoir le droit entier et
désormais incontesté : *transactio nullo dato, vel retento, seu
promisso , minime procedit.*

On se fonde, il est vrai, dans l'opinion opposée, sur les
paroles de M. Bigot-Préameneu , dans son exposé des motifs
sur la matière. Il y est dit, en effet, que lors même que l'une
des parties «se désiste entièrement de sa prétention , elle
se détermine par le grand intérêt de rétablir l'union , et de
se garantir des longueurs, des frais et des inquiétudes d'un
procès ,» et l'on a conclu de là que, puisqu'il pouvait y
avoir dans la transaction désistement complet d'une prétention, il n'était pas nécessaire, pour l'existence de ce contrat, qu'il y eût sacrifice des deux parts. C'est l'opinion
émise par M. Marbeau (Traité des trans. , n° 13), qui prétend que dans une transaction les sacrifices sont bien ordinairement réciproques , mais que la transaction n'en est pas
moins valable, lorsqu'il arrive que l'une des parties obtient
par la transaction tout ce qu'elle demande , tandis que
l'autre renonce à toutes ses prétentions. Dans ce cas, elle a,
suivant cet auteur , une cause suffisante soit dans un senti-
ment de pure bienveillance, soit dans le cri de la conscience, soit dans la crainte des embarras d'un procès :
propter timorem litis. Il nous semble cependant que les

termes de l'exposé des motifs que nous avons rapportés plus haut ont été mal interprétés par ceux qui nous les opposent, et qu'ils sont loin d'exclure, à les bien considérer, le caractère que nous prétendons donner à la transaction. Il est très-vrai, comme le dit le rapporteur de la loi, que l'une des parties peut, en transigeant, renoncer entièrement à sa prétention et s'en désister; mais s'en suit-il absolument que, dans ce cas, le sacrifice ne puisse exister que de son côté? Prenons un exemple, qui fera mieux saisir notre pensée : Paul prétend à la propriété d'un immeuble qui se trouve en la possession de Pierre; ils transigent. Paul renonce à revendiquer cet immeuble en échange de la moitié de sa valeur; il renonce bien entièrement à sa prétention, qui était de s'approprier cet immeuble, il se désiste complétement; mais s'il fait le sacrifice d'un droit éventuel de propriété, Pierre de son côté fait le sacrifice de la moitié du prix; il y aura une transaction véritable, avec cette condition, que nous considérons comme nécessaire, d'une réciprocité de concessions. C'est là, selon nous, l'hypothèse où s'est posé M. Bigot-Préameneu dans le passage que nous avons cité plus haut de son exposé des motifs.

Il n'en serait pas de même, si Paul avait entièrement abdiqué ses prétentions sans rien recevoir de Pierre comme compensation de cette abdication; il n'y aurait plus évidemment là de transaction, mais une simple renonciation ou un désistement. Il ne faut donc pas conclure de ce qu'une partie puisse renoncer complétement à sa prétention, qu'il y ait nécessairement absence de sacrifice de la part de l'autre partie, puisque même dans ce cas il peut y avoir échange de concessions, et les paroles de M. Bigot-Préameneu n'excluent pas, comme nous venons de le voir, cette réciprocité de sacrifices que nous exigeons pour qu'un contrat puisse être valablement qualifié de transaction.

18. On a invoqué, il est vrai, l'opinion de Domat, qui se prononce effectivement d'une façon très-nette dans le sens des auteurs que nous combattons. «Les transactions, dit-il dans les Lois civiles (L. 1, p. 1, § 2), préviennent ou ter-

minent les procès en plusieurs manières , selon la nature des différends et les diverses conventions qui y mettent fin. Ainsi , celui qui avait quelque prétention, ou s'en désiste par une transaction , ou en obtient une partie ou même le tout. Ainsi celui à qui on demande une somme d'argent, ou paie , ou s'oblige , ou est déchargé en tout ou partie. Ainsi celui qui contestait une garantie , une servitude ou quelque autre droit, ou s'y assujettit ou s'en affranchit. Ainsi celui qui se plaignait d'une condamnation , ou la fait réformer , ou y acquiesce, et on transige enfin aux conditions dont on veut convenir selon les règles générales des conventions. Ce qui est dit dans la loi 38, *C. de trans.*, qu'il n'y a point de transaction si l'on ne donne et ne promet rien , ou si l'on ne retient quelque chose, ne doit pas être pris à la lettre, car on peut transiger sans rien donner , et sans promettre ni rien retenir. Ainsi celui qu'on prétendait être caution d'un autre pourrait être déchargé de cette demande par une transaction , sans que de part ni d'autre il fût rien donné , rien promis , rien retenu. »

19. Il nous semble qu'à la seule lecture de ces lignes, la confusion éclate d'une façon manifeste, et Domat met indistinctement sur le même rang les transactions avec les désistements et les renonciations en général.

Le dernier exemple qu'il cite, celui d'une caution déchargée par une transaction , au lieu d'être, comme le prétend le savant auteur, un argument décisif pour sa doctrine, nous offre tout simplement une renonciation ou un désistement des plus caractérisés , et ne saurait, en tout cas , passer pour une transaction.

20. Or, il est essentiel de ne pas confondre la transaction avec ces divers actes qui peuvent être provoqués par les mêmes causes et tendre au même but , mais sous des conditions différentes. C'est ainsi qu'il faut bien distinguer la transaction de l'acquiescement. Un tuteur peut, avec la seule autorisation du conseil de famille, acquiescer (art. 464), tandis que pour transiger il faut de plus l'avis de trois juris-consultes et l'homologation du tribunal. Comment concilie-

rait-on cette différence, si l'on admettait avec Domat qu'acquiescer et transiger, c'est la même chose? Il faut donc admettre que ce qui distingue ces deux actes, c'est que la transaction exige une réciprocité de sacrifices, tandis que dans l'acquiescement il n'y a d'abandon que d'un côté.

21. C'est encore cette condition que les concessions doivent être mutuelles dans une transaction qui sépare ce contrat de la renonciation. Si un héritier renonce à demander la nullité d'un testament qui le dépouille, ce ne sera pas là une transaction; car s'il fait un sacrifice, son adversaire n'en a pas fait en sa faveur ; ce sera une renonciation ou un désistement.

22. La transaction est donc un contrat commutatif, où la prestation de l'une des parties trouve sa compensation et sa cause dans l'obligation de l'autre; il s'ensuit qu'on ne doit pas la confondre non plus avec les donations, puisque ce n'est pas à titre de libéralité que les parties stipulent des sacrifices, mais bien à titre onéreux.

23. Une des conséquences de cette distinction est, que la transaction sur procès, par laquelle une partie cède des droits à l'autre, moyennant un prix déterminé, constitue une cession de droits litigieux, qui peut donner lieu à l'exercice du retrait autorisé par l'art. 1699 (Cassat., 22 juillet 1851 ; Sirey, 1851, 1, 567).

24. Il importe aussi de distinguer la transaction des actes de ratification. En effet, la ratification admet, comme un fait incontestable la nullité que l'on se propose de couvrir ; la transaction, au contraire, suppose qu'elle est douteuse, En outre, la transaction comporte l'idée de réciprocité d'obligations, tandis que la ratification peut être gratuite. Le Code traite d'ailleurs ces deux matières dans deux titres différents et les range sous des règles qui n'ont rien de commun entre elles. Aux termes de l'art. 1338, pour qu'il y ait confirmation, il faut que l'acte qui la renferme énonce : 1° la substance de l'obligation que l'on confirme ; 2° le vice sur lequel est fondée la nullité de l'obligation ; 3° l'intention de réparer ce vice ; pour la transaction, au contraire, il

suffit qu'il existe un écrit qui constate que l'on a transigé sans autres formalités.

25. De ce que la transaction n'existe que sous la condition qu'il y ait réciprocité de sacrifices de la part des diverses parties, il ne s'ensuit nullement que ces sacrifices doivent avoir la même valeur. Tout dépend à cet égard de l'appréciation des parties qui sont seules juges de la mesure convenable des prestations mutuelles auxquelles elles se soumettent en transigeant. L'une peut sacrifier beaucoup pour garder peu de chose, et réciproquement une concession modique peut lui valoir un avantage considérable. *Transactionibus receptum est ut pro modico magna amittamus*, et comme nous le verrons plus tard, la transaction ne peut jamais être attaquée pour cause de lésion.

26. On a prétendu que la transaction était un contrat aléatoire, mais il nous semble que ce contrat manque des caractères exigés par l'art. 1104 pour cette sorte de contrats. D'après cet article, en effet, un contrat est aléatoire lorsque l'équivalent de chaque prestation consiste dans une chance de gain ou de perte pour chacune des parties d'après un événement incertain. Il faut donc, d'abord, qu'il y ait pour les parties éventualité de gain ou de perte, ensuite que cette chance dépende d'un événement incertain. Or celui qui transige court-il la chance de gagner ou de perdre? Evidemment non ; il fait ou une bonne ou une mauvaise affaire, mais il ne court absolument aucune chance ; il gagne ou il perd du coup, comme dans toute espèce de contrat où chacune des parties fait une bonne ou une mauvaise spéculation, mais la transaction n'est pas, comme un contrat aléatoire, un contrat d'espérance, c'est un fait accompli, indépendant de toute éventualité, de tout événement incertain. Bien plus, il nous semble que c'est tout le contraire ; on peut dire, en effet, qu'introduire une instance est un acte aléatoire et que celui qui plaide court la chance de perdre ou de gagner ; mais prévenir un débat judiciaire, ou le terminer par des concessions, n'est-ce pas au contraire renoncer à toutes les chances pour s'en tenir à un intérêt positif?

Dans une transaction, chaque partie se figure ordinairement gagner aux conditions qu'elle insère dans le contrat ; une pareille convention n'est pas, comme le jeu, l'accord momentané de deux espérances, de deux convoitises qui se contredisent et s'excluent mutuellement et dont l'une fonde son succès sur la ruine de l'autre ; c'est un fait désormais immuable qui a des effets moins absolus, et auquel ni la chance ni la volonté des parties ne pourront plus rien changer. L'équivalent d'une concession n'est pas une chance, mais bien une autre concession faite par réciprocité. Dans un contrat aléatoire, le profit ou la perte sont l'œuvre du hasard ; dans les transactions, tout dérive de la volonté des contractants ; celui qui transige préfère une certitude à l'éventualité d'un succès en justice ; c'est donc pour se préserver de ce qu'il y a d'aléatoire dans le contrat judiciaire qu'il se réfugie dans un contrat plus positif. La transaction est donc un contrat qui fixe d'une manière incommutable les intérêts des parties et dans les combinaisons duquel n'entrent ni la chance, ni l'événement incertain dont parle l'art. 1104 ; elle ne saurait donc être considérée comme un contrat aléatoire.

27. Les contrats sont d'acquisition ou de garantie, suivant qu'ils ont pour objet d'augmenter ou simplement de garantir le patrimoine des deux parties ou de l'une d'elles.

La transaction est un contrat de garantie, car comme nous comptons le démontrer par la suite, elle ne peut valoir comme titre d'acquisition et ne peut par conséquent devenir une des conditions de l'usucapion.

28. C'est un contrat indivisible, parce que chacune de ses combinaisons est étroitement liée à l'existence de chacune des autres, et que ce serait détruire son harmonie que d'en modifier la moindre partie, tout en respectant les conditions principales du contrat (2055). Ce principe que tout est corrélatif dans les parties d'une transaction est une innovation du législateur français et n'était pas admis dans la législation romaine, qui décidait que, dans certains cas, la transaction pouvait être valable pour certains chefs seulement et nulle pour le reste (C. II, IV, 42).

29. La transaction est un contrat irrévocable par excel-
lence, parce qu'elle tient lieu entre les parties de jugement
en dernier ressort; *nec minorem auctoritatem transactionem
quam rerum judicatarum esse recta ratione placuit* (C. II,
IV, 20). Il est irrévocable encore, en ce sens qu'il n'est
point soumis à l'action en rescision pour cause de lésion.

50. Nous avons défini la transaction et présenté ses prin-
cipaux caractères; il nous reste maintenant à entrer dans les
détails de la matière et à commenter les règles particulières
qui la régissent, ainsi que les questions qu'elles peuvent soulever. Mais avant tout, nous analyserons en quelques traits
les dispositions du Droit romain sur le contrat qui nous occupe.

CHAPITRE II.

DE LA TRANSACTION DANS LE DROIT ROMAIN.

Sommaire.

1. Définition.
2. Plan de ce chapitre.
3. Effets de la transaction.
4. Différences du Droit français et du Droit romain, en ce qui concerne les transactions.
5. Suite quant à la forme.
6. Idem, quant aux objets sur lesquels on pouvait transiger.
7. Idem, suite.
8. Idem, quant à l'indivisibilité.
9. Idem, quant à l'effet de l'erreur sur la transaction.
10. Pénalités du Droit romain contre ceux qui violaient les transactions.
11. Récapitulation.
12. Droit français antérieur au Code civil.

1. La transaction dans son acception la plus large signifiait
chez les Romains toute conclusion définitive d'une affaire.
Suivant le Digeste et le Code, la transaction, comme suivant
le Code Nap., est une convention qui a pour but de prévenir une contestation à naître ou d'arrêter une contestation
née.

2. Nous ne présenterons pas ici toutes les règles qui concernent les transactions en Droit romain; puisque le Code

3

Nap. les a reproduites en grande partie et presque sans modification ; nous nous contenterons d'en rappeler les plus importantes, et de signaler les différences qui les séparent des dispositions de la loi française sur la même matière.

3. Pour déterminer quels étaient en Droit romain les effets de la transaction, il fallait voir si elle avait été faite avec ou sans stipulation. Dans le premier cas, l'action *ex stipulatu* en garantissait l'exécution ; et de plus la clause pénale stipulée pour le cas où l'une des parties contreviendrait à la convention, pouvait être également poursuivie par l'action *ex stipulatu*. S'il n'y avait pas eu stipulation, celui qui avait exécuté la convention et qui l'avait, par là même, changée en un contrat innommé, pouvait actionner l'autre, pour le forcer à l'exécuter également par une action *præscriptis verbis* (Dig., liv. II, tit. XV, l. 16). S'il n'y avait eu ni stipulation ni exécution de la prestation de la part de l'une des parties, la convention, comme simple pacte, ne produisait aucune action, mais seulement une exception (Cod., liv. II, tit. III, 21 ; Cod., liv. II, tit. IV, 9, 24, 28).

4. Maintenant que nous avons rappelé ces données particulières aux effets de la transaction en Droit romain, nous allons indiquer dans quels cas le Code civil s'est écarté de la législation romaine.

5. Une première différence nous frappe par rapport à la forme des transactions : suivant l'art. 2044, ce contrat doit être rédigé par écrit ; en Droit romain, la transaction n'exigeait pas plus de formes que les conventions ordinaires. La loi 28 du Code, liv. II, tit. IV, déclare expressément qu'il importe peu que l'on transige en jugement ou dehors par écrit ou devant témoins, et que, dès qu'il y a une preuve légale, on ne peut plus exiger d'autres conditions. *Sive apud acta rectoris provinciæ, sive sine actis scriptura intercedente, vel non, transactio interposita est, hanc servari convenit.*

6. L'art. 2046, qui traite de la transaction sur l'intérêt civil des délits, renferme un principe qui n'était pas connu dans le Droit romain. On sait quelles sont les différences

profondes qui distinguent les théories pénales modernes du
système criminaliste des jurisconsultes romains. Rome n'a
pas connu l'institution du ministère public, que M. Henrion
de Pansey (De l'autorité judiciaire en France, chap. 14)
revendique à bon droit comme une création des temps modernes. «Il n'y avait point, disent les continuateurs de De-
nisart, de magistrature établie pour accuser et poursuivre;
c'était une charge commune, *cuilibet ex populo;* chaque citoyen la regardait comme une portion de sa souveraineté.»
Celui qui voulait se porter accusateur, devait souscrire devant le préteur ou le proconsul le libellé d'accusation, pré-
cisant le genre du crime, et s'engager à poursuivre l'accusation jusqu'à la sentence. L'accusation n'avait pas, comme chez
nous, ce caractère grave et relevé que lui donne l'intervention d'un magistrat, agissant au nom de la société offensée.
Cet état de choses, qui portait l'empreinte démocratique
des premiers temps de Rome, donna lieu à des abus scan-
daleux, et fut sévèrement qualifié par Montesquieu dans son
Esprit des lois. «On suivit, dit-il, sous les empereurs, les
maximes de la République, et d'abord on vit paraître
un genre d'hommes funestes, une troupe de délateurs.
Quiconque avait bien des vices et bien des talents, une âme
bien basse et un esprit ambitieux, cherchait un criminel
dont la condamnation pût plaire au prince; c'était la voie
pour aller aux honneurs et à la fortune.» Ainsi point d'autorité publique, instituée pour poursuivre, au nom de la
société, la répression des crimes: la poursuite est un fait in-
dividuel, qui dépend de la seule volonté du poursuivant.
Dans une législation criminelle, conçue sur de pareilles
bases, il n'est pas étonnant de voir que l'on pouvait, au
moyen de conventions, se soustraire à la répression d'un délit. Voici quelles étaient les règles à cet égard: on pouvait
transiger sur les délits privés, *quæ non ad publicam lesionem
sed ad rem familiarem respiciant,* tels que le vol, l'injure,
le dommage causé par dol, faute ou impéritie; mais dans ces
cas, la transaction, comme la condamnation, emportait infamie (Institutes, *de pœna temere litigantum,* § *ult.*), parce que

nous dit Ulpien, la transaction sur un tel fait emporte aveu :
Quoniam intelligitur confiteri crimen, qui paciscitur.

On pouvait de même transiger sur les crimes publics qui
entraînaient la peine capitale, sauf sur celui d'adultère
(Cod., L. II, tit. IV, l. 18). Cette faculté de transiger sur
de pareils crimes était fondée sur le motif qu'on ne peut
interdire à personne les moyens de sauver sa vie.

Quant aux crimes publics contre lesquels la peine n'était
pas capitale, il n'était pas permis de transiger (Cod., L. II,
tit. IV, l. 18). On a souvent agité la question de savoir si le
crime de faux était excepté, et de nombreuses discussions
se sont engagées sur le sens de la loi 18 du *C. de trans.*,
mais l'obscurité de cette loi et la diversité d'opinion des
auteurs laissent un doute presque insoluble sur cette difficulté.

7. En France, sous l'ancienne monarchie, et malgré l'éta-
blissement du ministère public, il fut permis de transiger
sur les délits privés, mais non sur les crimes capitaux ou
entraînant des peines afflictives.

L'art. 19 du titre 25 de l'ordonnance de 1670 portait :
« Enjoignons à nos procureurs et à ceux des seigneurs de
poursuivre incessamment ceux qui sont prévenus de crimes
capitaux ou auxquels il échoira peine afflictive, nonobstant
toutes transactions et cessions de droits faites par les parties.
Et à l'égard de tous les autres seront les transactions exécu-
tées, sans que nos procureurs ou ceux des seigneurs puissent
en faire aucune poursuite. »

Sous l'empire du Code actuel, le délit se distingue toujours des dommages et intérêts qui peuvent en résulter. Nulle
convention particulière ne peut suspendre l'action publique,
mais on peut, par une transaction, fixer à l'amiable une
indemnité destinée à réparer le préjudice causé par le délit.
C'est ce que porte l'art. 2046 du Code Napoléon, sur lequel
nous reviendrons plus tard.

8. Il est de principe en Droit français que la transaction
est indivisible, en ce sens que toutes ses parties sont corrélatives, et que l'on ne saurait en détruire une seule sans

en même temps détruire toutes les autres : c'est ce qui résulte clairement de l'art. 2055, ainsi que des paroles de M. Bigot-Préameneu , dans son exposé des motifs sur la matière. «Lors même , dit-il , que les divers points sur lesquels on a traité sont indépendants quant à leur objet , il n'en est pas moins incertain s'ils ont été indépendants quant à la volonté de contracter et si les parties eussent traité séparément sur l'un des points. »

Il n'en était pas de même en Droit romain, qui , dans le cas où la transaction avait été faite sur des pièces reconnues fausses depuis, ne l'annulait que sur les chefs relatifs à la pièce reconnue fausse. *Si de falsis instrumentis transactiones vel pactiones initæ fuerint : quamvis jusjurandum de his interpositum sit : etiam civiliter falso revelato, eas retractari præcipimus : ita demum ut, si de pluribus causis vel capitulis eædem transactiones seu pactiones initæ fuerint : illa tantummodo causa vel pars retractetur, quæ eo falso instrumento composito convicta fuerit , aliis capitulis firmis manentibus : nisi forte etiam de eo quod falsum dicitur, controversia orta decisa sopiatur* (Cod., L. II, IV, 42).

9. Le Droit français se distingue encore du Droit romain en ce qui concerne l'effet de l'erreur sur la transaction. L'art. 2057 prévoit le cas d'une erreur dont la preuve résulterait de pièces découvertes après la transaction, et pour déterminer l'influence que cette erreur exerce , il distingue comme il suit : «Si les parties ont transigé généralement sur toutes les affaires qu'elles pouvaient avoir ensemble, les titres qui leur étaient inconnus et qui ont été postérieurement découverts ne sont pas une cause de rescision. La transaction ne peut être attaquée que lorsque les titres ont été retenus par le fait de l'une des parties, ce qui est le cas de dol. Si la transaction n'a qu'un seul objet, la découverte des pièces qui prouverait que l'une des parties n'avait aucun droit , donne ouverture à l'action en rescision.

On ne rencontre pas cette distinction dans la jurisprudence romaine. Les empereurs Dioclétien et Maximien décident d'une manière générale que , sous prétexte d'actes

nouvellement découverts, il ne faut pas rescinder une transaction faite de bonne foi : *Sub prætextu instrumenti post
reperti, transactionem bona fide finitam rescindi jura non
patiuntur* (Cod., L. II, tit. IV, l. 19).

Ainsi, suivant ce rescrit, la transaction faite de bonne
foi ne saurait être annulée comme manquant de cause, par
suite de la découverte postérieure de ces titres ; il y avait
un doute, une contestation ; cela suffit pour légitimer une
transaction. La découverte de titres ignorés ne saurait faire
remettre en question ce qui a été conclu avec une bonne foi
réciproque. Les rédacteurs du Code sont partis d'un point
de vue différent ; selon eux, quand on transige sur un objet,
la condition essentielle est que le droit soit douteux ; or, il
n'y a pas de doute possible dans le cas où il vient à être
prouvé que l'une des parties n'avait absolument aucune
prétention à élever. La partie qui a renoncé à ses droits les
aurait évidemment défendus et maintenus si elle avait connu
son titre. Lorsque cependant il s'agit d'une transaction
générale sur toutes les affaires, alors on comprend que la
découverte de ces titres soit sans influence, parce que les
parties n'ont souscrit aux clauses du contrat que sous la
condition qu'aucune d'elles ne réveillerait jamais de contestations sur leurs affaires antérieures ; ce qui emporte
renonciation à tout usage des titres qui pourraient être ultérieurement découverts.

10. Nous ajouterons comme un trait particulier de la
législation romaine, et que le Droit français n'a pas reproduit, qu'à Rome celui qui refusait d'exécuter la transaction
qu'il avait jurée était noté d'infamie (Cod., L. II, tit. IV,
l. 41), et privé de ses dignités (D. 7, *De dignitatibus*). Il
était en outre réputé stellionataire, et condamné à une peine
pécuniaire ou à l'exil, *arbitrio judicis* (Gothofredus, *Ad
legem 17, C. de trans.*).

11. Telles sont, sur la matière des transactions, les principales différences qui séparent le Droit romain du Droit
français. Hors les cas que nous venons de signaler, les dispositions du Code ont été calquées sur celles de la législa-

tion romaine, dont nous aurons maintes fois, dans le cours de notre travail, l'occasion d'invoquer les principes, qui seront toujours la base de l'étude des lois qui nous régissent.

12. Quant au Droit français antérieur au Code Napoléon, il n'offre rien de particulier qui puisse être cité ; nous aurons soin, d'ailleurs, d'en rappeler les dispositions les plus saillantes toutes les fois qu'il conviendra de les comparer à celles de la loi actuelle.

CHAPITRE III.

DE LA DIVISION DES TRANSACTIONS EN JUDICIAIRES ET EN EXTRA-JUDICIAIRES.

Sommaire.

1. Division.
2. Jugements convenus ou d'expédient
3. Effets de ces jugements.
4. Leurs caractères particuliers.
5. Leur indivisibilité.
6. Transaction faite au bureau de conciliation.

1. Les transactions sont judiciaires ou extra-judiciaires, suivant qu'elles sont ou non conclues dans le cours d'une instance judiciaire. Les transactions extra-judiciaires préviennent donc une contestation à naître, les transactions ju liciaires terminent une contestation née.

2. Ces deux espèces de transactions sont en général régies par les mêmes principes; mais il faut mettre à part une sorte de transactions judiciaires, appelées jugements convenus ou jugements d'expédient. Les parties, après être convenues elles-mêmes du jugement, le rédigent et le présentent, revêtu de la signature de leurs avoués, au tribunal qui le reçoit et l'homologue.

3. Ces jugements produisent les mêmes effets que les jugements rendus sur des prétentions contestées entre les parties. Cependant M. Merlin (Rép., Jugement) pense que de pareils jugements sont plutôt des transactions que des décisions judiciaires, que, par conséquent, elles n'acquièrent la

force de chose jugée que quand elles ont été rendues entre personnes capables de transiger. Ainsi, suivant le savant jurisconsulte, une transaction passée entre des parties qui n'étaient pas maîtresses de leurs droits pourrait être attaquée par action principale sans qu'il soit nécessaire d'interjeter un appel. Mais nous pensons avec M. Zachariæ (t. 3, p. 139), que de pareilles transactions sanctionnées par la justice sont de véritables jugements et en comportent tous les effets ; ils ne pourront donc être attaqués par action principale en nullité, mais seulement par les voies de recours ouvertes contre les jugements en général, et dans les délais fixés par la loi pour l'exercice de ce recours.

4. Les jugements d'expédient ont cela de particulier, qu'étant censés acquiescés d'avance, ils ne peuvent être attaqués au fond, que si la transaction qu'ils contiennent est elle-même entachée d'une cause de nullité ou de rescision ; sauf ce cas, il ne saurait y avoir de recours contre les dispositions qu'ils contiennent.

5. De plus ces jugements participent de la transaction en ce sens qu'ils sont indivisibles; d'où il suit que s'il arrivait que l'un des chefs d'un jugement convenu fût rétracté par voie de requête civile, par exemple, le jugement devrait l'être en entier, quand même le chef attaqué paraîtrait entièrement indépendant des autres ; ce qui n'a pas lieu dans les jugements ordinaires, qui peuvent être réformés relativement à quelques-uns de leurs chefs et confirmés quant aux autres (Code de pr., 480).

6. Quant aux transactions faites au bureau de conciliation, on doit les ranger parmi les transactions extra-judiciaires. Comme nous le verrons ultérieurement en traitant de la forme des transactions, les procès-verbaux dressés par le juge de paix pour les constater n'emportent pas hypothèque judiciaire, et ne sont pas exécutoires, quoiqu'ils aient d'ailleurs le caractère d'actes authentiques.

CHAPITRE IV. — TITRE Ier.

DES CONDITIONS ESSENTIELLES POUR LA VALIDITÉ DES TRANSACTIONS.

La transaction étant un contrat, il est essentiel pour sa validité qu'il y ait eu (1108) :
Consentement des parties contractantes ;
Capacité de contracter;
Une cause licite ;
Un objet certain.
Nous examinerons successivement de quelle manière il faut que chacune de ces conditions soit accomplie pour que la transaction soit valable.

TITRE II.

DU CONSENTEMENT.

Sommaire.

1. Conditions de validité pour le consentement.
2. Renvoi.

1. Il n'y a point de transaction possible sans le consentement des parties, et il n'y a point de consentement valable s'il n'a été donné que par erreur, ou s'il a été extorqué par violence, ou surpris par dol (1109).

Ce principe général qui régit toutes les conventions s'applique dans toute sa force aux transactions qui, aux termes de l'art. 2053, peuvent être rescindées lorsqu'il y a erreur dol ou violence ; par exception, l'erreur de droit ne vicie point les transactions (2052).

2. Toutes les questions que l'on peut soulever à propos du consentement des parties en matière de transaction, trouveront leur place lorsque nous examinerons les causes de nullité et de rescision de ce contrat ; nous renvoyons donc, pour leur solution, à la partie de notre travail qui traitera de cette matière.

4

TITRE III.

DE LA CAPACITÉ DE TRANSIGER.

Sommaire.

1. Pour pouvoir transiger valablement, il faut être capable
non-seulement de s'obliger, mais encore de disposer des
objets que l'on entend abandonner en tout ou en partie

(art. 2045). La transaction est donc un acte de disposition, bien qu'elle ne soit, comme nous le verrons plus tard en traitant de ses effets, que déclarative et non translative de propriété ; toujours est-il qu'elle entraîne un sacrifice, un dessaisissement d'un droit ou d'une chose ; de là cet adage si connu et si vrai, que transiger c'est aliéner, *qui transigit alienat*.

2. De ce que la transaction est un acte de disposition , nous pouvons conclure immédiatement que le mort civilement ne peut transiger. En effet, par la mort civile, le condamné perd la propriété de tous les biens qu'il possédait (art. 25) ; il ne saurait donc en disposer , ni les aliéner en tout ou en partie ; il nous semble, au surplus, que la transaction qu'il passerait , serait nulle par cette autre raison , que toute transaction suppose une contestation née ou à naître ; or, comment veut-on qu'il y ait possibilité de contestation entre un mort civilement et une autre personne? Le mort civilement , qui , aux termes de l'art. 25, ne peut procéder en justice , ni en défendant , ni en demandant que sous le nom et par le ministère d'un curateur spécial qui lui est nommé par le tribunal où l'action est portée ! Si donc le mort civilement ne peut contester en justice , il ne peut avoir la capacité suffisante pour prévenir ou terminer une contestation judiciaire. A quoi servirait , en effet, l'institution d'un curateur, si les instances qu'il peut introduire, ou auxquelles il doit défendre, pouvaient être arrêtées suivant le bon vouloir d'un homme qui n'a pas le droit d'y figurer. Décider le contraire , ce serait accorder indirectement au mort civilement ce que la loi lui dénie d'une façon bien formelle et bien absolue.

3. Du principe émis plus haut, il résulte encore que le mineur ne saurait transiger valablement. Bien plus, lorsque son tuteur transige en son nom, il faut qu'il se conforme aux prescriptions de l'art. 467 , d'après lequel le tuteur ne peut transiger qu'après avoir été autorisé par le conseil de famille , et de l'avis de trois jurisconsultes désignés par le procureur de la République du tribunal de première ins-

tance. La transaction, pour être valable, doit de plus être homologuée par le tribunal, après avoir entendu le procureur de la République. Ces formalités observées, la transaction sera inattaquable, c'est-à-dire, qu'elle aura autant de force que si elle avait été faite entre majeurs; tel est le sens du terme valable dont se sert l'article que nous venons de citer. Cependant M. Merlin (*Rép. de Jurisp., Trans.*) prétend que, même dans le cas où toutes les formalités voulues auraient été accomplies, la transaction n'en pourrait pas moins être rescindée par le mineur pour cause de lésion. Sa doctrine repose sur une induction tirée de l'art. 1314, et voici quel est son raisonnement : L'art. 1314 porte que lorsque les formalités requises à l'égard des mineurs ou des interdits, soit pour l'aliénation d'immeubles, soit dans un partage de succession, ont été observées, les mineurs et les interdits sont, relativement à ces actes, considérés comme s'ils les avaient faits en majorité ou avant l'interdiction. Or, cet article, dit M. Merlin, doit être entendu d'une façon limitative, et l'accomplissement des formalités ne peut avoir cette action sur des actes passés au nom des mineurs, qu'à l'égard des aliénations d'immeubles et des partages de succession seulement; la transaction reste, par conséquent, sous l'empire de l'art. 1305, c'est-à-dire rescindable pour cause de lésion.

A première vue, on peut se demander pourquoi le législateur aurait, comme le veut M. Merlin, restreint aux deux cas spécifiés par l'art. 1314 cet effet d'assimiler à des actes passés en majorité des actes consentis par un tuteur au nom de son pupille après l'observation de toutes les formalités prescrites. Les conditions exigées par l'art. 467 offrent-elles moins de garanties que celles qui doivent être accomplies par les tuteurs en matière d'aliénation d'immeubles et de partage de succession? Une transaction est-elle un contrat plus sérieux, plus important que ces deux actes, et engage-t-elle plus le mineur qu'une vente de ses immeubles ou qu'un partage? Nous ne pensons pas qu'on puisse le soutenir. Y a-t-il alors en logique une raison suffisante pour refuser à la transaction passée avec toutes les formalités exigées, cette force juridique que l'on accorde à la vente et au partage accomplis par le tuteur sous des conditions que l'on ne peut pas présenter comme plus rigoureuses que celles voulues par l'art. 467 ?

Voici ce que l'on peut se demander, en ne consultant que la raison ; mais sur le terrain même des textes, il nous semble que la doctrine de M. Merlin manque de fondement.

Pour déterminer quelle est la force d'une transaction consentie par le tuteur dans les formes prescrites, il nous semble que ce qu'il y a de plus naturel et en même temps de plus juridique, c'est de recourir à l'art. 467, qui s'occupe spécialement de cette matière, au lieu de s'attacher à l'art. 1314 qui ne traite point des transactions. Pourquoi, en effet, créer une induction lorsqu'il existe sur-le-champ même du débat un texte positif ? Or l'art. 467, qui traite particulièrement des transactions, les déclare *valables*, si elles sont contractées par le tuteur dans les formes qu'il édicte ; le législateur ne se serait certainement pas servi d'une expression aussi formelle, aussi vigoureuse, si elle n'avait reproduit son idée d'une façon bien claire et bien précise ; et en tout cas, s'il s'était réservé un correctif au sens trop étendu de ce mot, n'était-il pas plus simple de le placer après le mot lui-même, que d'attendre la discussion de l'art. 1314 ? Nous pensons que ce dernier article est tout simplement énonciatif, et que s'il ne parle que des deux contrats de vente et de partage, c'est une conséquence nécessaire de la position qu'il occupe dans le Code. En effet, l'art. 1313 qui le précède, traite de la restitution des majeurs, et décide qu'elle n'aura lieu pour cause de lésion que dans les cas déterminés par la loi. Or quels sont ces cas ? Ce sont précisément et exclusivement ceux de vente et de partage. Ceci fait, restait tout naturellement pour le législateur la question de savoir si, pour ces deux cas spécifiés, le mineur serait assimilé au majeur ; et il décide qu'il le sera si les formalités voulues pour ces deux sortes de contrats ont été accomplies par le tuteur. L'art. 1314 n'est donc qu'une sorte d'application de l'art. 1313 et ne peut, par conséquent, embrasser que les mêmes faits ; son silence à l'égard des autres actes ne saurait donc être une dérogation à l'art. 467, ni en détruire le sens.

On nous opposera, peut-être, les termes de l'art. 1305 qui dit que la simple lésion donne lieu à la rescision en faveur du mineur contre toutes sortes de conventions; mais nous répondrons que cet article ne parle pas précisément de toutes sortes de conventions, mais bien de conventions de toute espèce, et que d'ailleurs il serait de toutes manières inapplicable à des conventions que la loi a formellement exceptées et positivement déclarées valables, comme l'art. 467 le fait à l'égard des transactions.

5. Si l'on consulte simplement la lettre des art. 467 et 2045, on peut décider que l'avis à donner par trois juris-consultes ne semble pas devoir précéder le projet de transaction fait par le conseil de famille. Mais il est naturel que le tuteur prenne cet avis et le soumette au conseil avant de lui demander son autorisation, de manière à ce que celui-ci puisse délibérer en toute connaissance de cause.

6. Cependant la transaction ne serait pas nulle si, en suivant l'art. 467 à la lettre, le tuteur obtenait d'abord l'autorisation du conseil, en second lieu l'avis des jurisconsultes, et enfin l'homologation du tribunal, car dans ce cas la loi aurait été strictement observée.

7. L'art. 472 porte que tout traité qui pourrait intervenir entre le tuteur et le mineur devenu majeur est nul, s'il n'a été précédé de la reddition d'un compte détaillé et de la remise des pièces justificatives, le tout constaté par un récépissé, dix jours au moins avant le traité.

8. Les auteurs ont discuté longuement sur l'étendue du mot traité qui figure dans cet article; M. Merlin (Quest. de droit, tuteur, § 3), pense, à propos de cette disposition de la loi, que le mineur devenu majeur ne peut faire aucune sorte d'acte avec son tuteur. quoique cet acte n'eût aucun rapport avec le compte, sans qu'au préalable le compte ait été rendu et les pièces justificatives remises, le tout constaté comme

l'exige l'art. 472. Suivant lui, en effet, cet article n'a pas
fait de distinction, il annule tout traité non précédé d'un
compte de tutelle, et qui dit tout n'excepte rien. Nous pensons avec un grand nombre d'auteurs qu'il résulte du texte
de l'art. 472 autant que de la place qu'il occupe (section
des comptes de tutelle) qu'il n'a pour objet que de proscrire
tous les traités, tous les actes sous quelque dénomination
qu'ils se présentent, qui ont pour but de soustraire le tuteur
à l'obligation de rendre compte; que tous les actes qu'il op-
poserait au mineur pour paralyser l'action que ce dernier
intenterait à l'effet d'obtenir un compte, sont frappés de nullité par la loi, s'ils n'ont pas été précédés d'un compte détaillé et de la remise des pièces justificatives, mais que là se
borne l'application de l'art. 472. On en trouverait d'ailleurs
une preuve déterminante dans l'art. 2045, où le législateur
ne soumet aux conditions de l'art. 472 que les transactions
que le tuteur fait avec le mineur devenu majeur sur le compte
de tutelle; d'où résulte la conséquence que sur toute autre
matière, les transactions qui pourraient intervenir entre eux
auraient la même force qu'entre tous autres majeurs ou personnes jouissant de leurs droits.

9. Mais nous admettons, à cet égard, les restrictions fort
judicieuses de M. Troplong (Transaction, n° 44), et nous
pensons avec ce savant auteur que, pour qu'une transaction
soit valable entre le tuteur et son ci-devant pupille, il faut
qu'elle porte sur des biens obvenus après la majorité, sans
quoi la transaction porterait sur un chef qui doit trouver sa
place dans le compte; ce qui serait une manière indirecte
pour le tuteur d'éluder, au moins, une partie des obligations qui lui sont imposées, de rendre compte de tous les
biens du mineur.

10. Toute transaction intervenue entre le mineur devenu
majeur et son ancien tuteur, au mépris de l'art. 472, sera
donc entachée de nullité, mais seulement d'une nullité relative au mineur, en faveur duquel la nullité a été introduite.
Il ne faut donc pas décider, comme le fait M. Marbeau
(Traité des trans., n° 61), qu'elle est simplement rescin-

dable pour cause de lésion, car l'art. 472 prononce formellement que dans ce cas il y a nullité.

11. Le mineur émancipé est capable de transiger sans
l'assistance de son curateur sur les effets d'actes de simple
administration et sur les objets dont la loi lui accorde la
libre disposition (481). Il pourra donc transiger sur ses fruits
et revenus ; mais sa transaction ne pourra porter sur des
fruits et revenus au delà de neuf années, puisque la loi ne
lui permet pas de faire des baux de plus longue durée.

12. Nous pensons avec M. Duranton (tome 18, n° 407),
que le mineur émancipé ne peut pas, sur la simple assistance de son curateur, transiger sur un capital mobilier.
Un pareil acte est, en effet, quelque chose de plus qu'un
acte d'administration ; or, aux termes de l'art. 484, tout
ce qui excède les bornes de l'administration reste soumis
aux précautions qui protègent les mineurs. Ce qui démontre
ce que nous venons d'avancer, c'est que, d'après l'art. 482,
le mineur n'a pas la libre disposition de son capital mobilier,
puisque le curateur doit en surveiller l'emploi. On pourrait,
en outre, invoquer la loi du 24 mars 1806, qui requiert
l'avis du conseil de famille pour transférer une inscription
de rente sur l'État excédant 50 fr.; que le mineur créancier
soit émancipé ou non.

13. Pour les mêmes raisons, le mineur émancipé ne peut
transiger, même avec l'assistance du curateur, sur le compte
de gestion de son tuteur; et comme il est, quant à ses droits
immobiliers, soumis aux mêmes conditions que le mineur
non émancipé, il faut en conclure qu'il ne peut transiger
sur une contestation relative à ses immeubles qu'avec l'autorisation du conseil de famille, l'avis des trois jurisconsultes
et l'homologation du tribunal (484).

14. Les principes que nous venons d'invoquer reçoivent
exception lorsque le mineur émancipé fait le commerce ; car,
dans ce cas, il est réputé majeur pour les faits relatifs à son
commerce (487). Mais comme transiger, c'est aliéner, le
mineur émancipé, même commerçant, ne pourra transiger
sur la propriété d'un immeuble qu'en suivant les formalités

prescrites par les art. 467 et suivants du Code Napoléon (art. 6, al. 2, C. de comm.).

15. Aux termes de l'art. 509, l'interdit est assimilé au mineur pour sa personne et ses biens ; par conséquent les lois sur la tutelle du mineur, que nous avons rapportées plus haut, s'appliquent, en ce qui concerne les transactions, à la tutelle des interdits. Le tuteur de l'interdit sera donc obligé, pour transiger en son nom, de se soumettre aux formalités de l'art. 467 ; sinon la transaction sera entachée de nullité.

16. On se demande si le traité intervenu entre celui qui a été relevé de son interdiction et son tuteur est nul lorsqu'il n'a pas été précédé des formalités voulues par l'art. 472. On peut répondre affirmativement, en se fondant sur la généralité des termes de l'art. 505, qui porte que les lois sur la tutelle des mineurs s'appliquent à la tutelle des interdits ; or, l'art. 472 fait évidemment partie de ces lois.

17. Celui qui a été soumis à un conseil, ne peut transiger sans l'assistance de ce conseil (499 et 513).

78. La femme, même non commune ou séparée de biens, ne peut donner, aliéner, hypothéquer, acquérir à titre gratuit ou onéreux, sans le concours du mari dans l'acte ou son consentement par écrit (217) ; il en résulte qu'elle ne pourra transiger sans le concours ou l'autorisation spéciale de son mari, quand même la transaction lui aurait profité ; mais ici la nullité, résultant de l'absence de cette condition, ne pourra être proposée que par le mari, la femme ou leurs héritiers (225). Cette disposition, si formelle d'ailleurs, qu'elle n'offre pas la moindre prise à la discussion, peut faire naître des critiques spécieuses. Comment se fait-il, en effet, que la femme puisse elle-même exciper de cette nullité, lorsque la loi ne la déclare nullement incapable par elle-même de contracter ? On comprend l'action en nullité accordée au mineur ; elle est fondée sur son inexpérience, *propter imperitiam ætatis;* mais on ne peut dire ici que la femme se trouve protégée, *propter fragilitatem sexus,* puisque, si elle était fille ou veuve, elle contracterait valable-

5

ment. C'est là une contradiction qui réclame sa raison, sous peine d'accuser la loi d'un défaut flagrant de logique. Il nous semble que M. Zachariæ (t. III , p. 525 , note 5) a parfaitement expliqué cette dérogation aux principes généraux sur l'état des femmes; d'après cet auteur, en effet, l'incapacité de la femme mariée est une conséquence non de la faiblesse de son sexe, mais bien de l'autorité et de la puissance conjugales. On ne peut pas dire que l'autorisation maritale soit introduite en faveur de la femme; elle ne l'est pas non plus au profit exclusif du mari , car la puissance dont il est investi lui impose le devoir de veiller à la garde de tous les intérêts qui peuvent naître de l'union conjugale. La vérité est qu'elle existe au profit de la fortune matrimoniale dont le mari est le représentant légal. Si donc la femme est admise à faire valoir la nullité résultant du défaut d'autorisation du mari , ce n'est pas qu'elle agisse en son nom , qu'elle fasse valoir un droit introduit en sa faveur, mais en vertu d'une délégation supposée de son mari pour la sauvegarde des intérêts communs , à la défense desquels la loi la fait concourir avec son mari.

19. La femme séparée de corps et la femme séparée de biens , soit par contrat de mariage , soit judiciairement, peuvent disposer de leur mobilier et l'aliéner; elles ont de plus la libre administration et jouissance de tous leurs biens meubles et immeubles; elles pourront donc , sans autorisation , transiger sur toutes les contestations relatives à leur mobilier et à la jouissance de leurs immeubles (1449).

20. La femme mariée sous le régime dotal pourra transiger sans le consentement de son mari sur l'administration et la jouissance de ses biens paraphernaux (1576) ; mais elle ne peut, quoiqu'autorisée de son mari, abandonner par transaction des biens dotaux, à moins qu'ils n'aient été déclarés aliénables par le contrat de mariage (1557).

21. Lorsque les époux mariés sans communauté sont convenus que la femme touchera sur ses seules quittances une portion de ses revenus , elle pourra transiger sur les procès relatifs à ces revenus (1554).

22. La femme marchande publique pourra, sans l'autorisation spéciale de son mari, transiger sur tout ce qui concerne son commerce, et aliéner même ses immeubles, sauf toutefois l'immeuble dotal (art. 7, Code de comm.).

23. Une femme peut-elle transiger avec son mari ? Quoiqu'aucun texte formel ne s'y oppose, nous pensons qu'il y a lieu de ne pas le permettre, par les mêmes raisons qui ont fait prohiber les ventes entre époux ; il ne faut pas oublier, en effet, que transiger c'est aliéner. Il serait, d'ailleurs, trop facile au mari de faire abus d'autorité et d'influence sur sa femme pour la forcer à souscrire des transactions préjudiciables pour elle. La loi s'est montrée justement scrupuleuse pour tous les contrats qui interviennent entre époux ; il est dans son esprit plutôt d'en restreindre le nombre que de l'étendre ; c'est ainsi qu'elle n'autorise les ventes entre époux que dans des cas soigneusement précisés, et qu'elle déclare, d'un autre côté, que les donations faites entre époux pendant le mariage, quoique qualifiées entre vifs, sont toujours révocables ; et que la révocation pourra toujours en être faite par la femme sans y être autorisée par son mari ou par la justice. La loi empêche donc, en règle générale, les époux de lier leurs intérêts individuels d'une façon indissoluble ; elle doit donc, par conséquent, dans son esprit, prohiber entre eux un contrat qui, comme la transaction, peut avoir pour effet l'aliénation irrévocable soit d'un droit, soit d'une chose.

24. Il reste bien entendu, d'ailleurs, que cette défense est levée dans tous les cas où il s'agirait de contestations élevées entre époux à l'occasion de ventes ou cessions que la loi leur permet de faire dans les trois cas prévus par l'art. 1595. La nullité des transactions passées entre époux hors ces trois cas déterminés sera absolue, car elle pourra être proposée par les deux époux, par leurs héritiers et leurs créanciers.

25. Les communes et établissements publics ne peuvent transiger qu'avec l'autorisation du Président de la République, suivant les règles prescrites par l'arrêté du 22 fri-

maire au XII, c'est-à-dire après une délibération du conseil municipal prise sur la consultation de trois jurisconsultes désignés par le préfet du département, et sur l'autorisation du même préfet donnée d'après l'avis du conseil de préfecture. S'il s'élève des difficultés par suite de transactions passées avec les communes ou établissements publics, il faut les faire juger par les tribunaux, et non par l'autorité administrative, parce que, dès qu'elles ont été autorisées, ces transactions rentrent dans les règles du droit commun, comme si elles avaient été faites entre particuliers, pour tout ce qui concerne leur interprétation, leurs effets et leur étendue : c'est ce qu'a décidé le décret du 2 janvier 1812.

26. Quant aux transactions entre les établissements de bienfaisance et les tiers, un arrêté de messidor an IX prescrit des formalités un peu différentes.

Le comité consultatif peut transiger sur tous les droits légitimes; les transactions peuvent recevoir leur exécution provisoire ; mais elles ne sont définitives et irrévocables qu'après avoir été approuvées par le gouvernement; à l'effet de quoi elles sont transmises au ministre de l'intérieur, revêtues de l'avis du sous-préfet et du préfet.

27. Le failli étant dessaisi de l'administration de ses biens, et privé du droit d'en disposer, ne peut par conséquent transiger (443, C. de comm.). Quant aux transactions qu'il aurait faites depuis l'époque déterminée par le tribunal comme celle de la cessation des paiements, ou dans les dix jours qui auraient précédé cette époque, elles sont nulles et sans effet relativement à la masse (446, C. de comm.). Mais il peut se trouver que, dans le cours des opérations de la faillite ou de l'union, une transaction soit avantageuse aux intérêts de la masse. L'art. 487 du Code de commerce permet aux syndics de la faillite de transiger sur toutes les contestations qui intéressent la masse, même sur celles qui sont relatives à des droits et actions immobiliers, mais avec l'autorisation du juge-commissaire, et le failli dûment appelé. Si l'objet de la transaction est d'une valeur indéterminée ou qui excède trois cents francs, la transaction ne

sera obligatoire qu'après avoir été homologuée, savoir :
par le tribunal de commerce pour les transactions relatives
à des droits mobiliers, et par le tribunal civil pour les
transactions relatives à des droits immobiliers. Le failli sera
appelé à l'homologation ; il aura dans tous les cas la faculté
de s'y opposer. Son opposition suffira pour empêcher la
transaction, si elle a pour objet des biens immobiliers.

28. L'art. 535 du Code de commerce autorise les syndics de
l'union à transiger sur toute espèce de droits appartenant au
failli, nonobstant toute opposition de sa part, mais sous les
conditions énumérées dans l'art. 487 du même Code.

29. Un arrêt récent de la Cour d'appel de Paris (30 juillet 1850 ; Sirey, 1850) a décidé que l'héritier bénéficiaire
a capacité pour transiger relativement aux biens de la succession à ses risques et périls, et la justice n'a point d'autorisation à lui donner à cet égard. Doit donc être rejetée
la demande d'autorisation par lui formée à cet effet. La
Cour s'est fondée sur ces motifs : que les art. 796, 806 du
Code Napoléon et les art. 986, 987, 988, 989 du Code de
procédure ont spécialement déterminé les cas où l'héritier
bénéficiaire a besoin de l'autorisation de la justice, et que
le législateur a fait connaître par là que cet héritier est libre
de faire sous sa responsabilité les actes non spécifiés dans
ces articles. L'autorisation de la justice est nécessaire lorsqu'il s'agit de tuteurs ou de syndics, parce qu'ils admi-
nistrent les biens d'autrui ; mais l'héritier bénéficiaire, toujours habile à se déclarer héritier pur et simple, trouve en
lui-même capacité suffisante pour apprécier l'intérêt d'une
transaction et pour y consentir. Si, en transigeant, l'héritier
bénéficiaire peut compromettre sa qualité, et devenir héritier pur et simple, c'est une conséquence qu'il appartient à
lui seul de prévoir et d'apprécier, et dont la loi lui laisse
l'entière responsabilité. La Cour a justement considéré au
surplus que les tribunaux ne pourraient, sans excès de pouvoir,
en l'absence d'une disposition spéciale de la loi, affranchir
à l'avance l'héritier bénéficiaire de la déchéance qui pourrait
résulter de la transaction.

TITRE IV.

DE LA CAUSE DES TRANSACTIONS.

Sommaire.

1. Tout contrat doit avoir une cause, et il faut que cette cause soit véritable et licite (art. 1131). La cause du contrat de transaction est un procès à prévenir ou à terminer ; par conséquent un droit douteux, sujet à contestation, une transaction, faite sur des droits qui n'ont rien de litigieux, ou sur des prétentions totalement dénuées de fondement, est nulle pour défaut de cause.

Ici se présentera toujours une question d'appréciation fort délicate, car il s'agira de déterminer si le droit qui a fait ou peut faire naître un procès, était assez douteux pour faire craindre aux parties une issue fâcheuse pour leurs intérêts, s'il y avait entre elles matière sérieuse à contestation et crainte fondée de difficultés. La solution de cette question est entièrement abandonnée aux tribunaux, dont les décisions ne sont pas, à cet égard, susceptibles de cassation, car elles reposeront toujours, en pareil cas, sur une caractérisation de faits. Il nous semble, néanmoins, qu'un doute raisonnable sur le résultat d'un procès déjà engagé, ou la crainte d'un litige, peuvent justifier une transaction, quand même les parties n'auraient point eu de motifs suffisants pour craindre ou douter. *Sufficit metus litis instantis, vel eventus dubius litis pendentis* (Dig. II, XV, § 1).

2. Pour décider s'il y avait une cause véritable pour une

transaction, il faut, pour ainsi dire, juger avec le propre esprit, le propre jugement des parties elles-mêmes, et non point s'en rapporter à l'opinion publique et à l'appréciation qu'aurait pu faire tout le monde de la matière du débat. Du reste, la question de savoir si dans telle circonstance il y avait possibilité de contestation entre les parties, se résout souvent par l'influence de l'erreur en matière de transaction, que nous examinerons ultérieurement; souvent aussi, le traité intervenu sur des droits qui n'avaient absolument rien de douteux, peut, quoiqu'inefficace comme transaction, valoir, suivant les circonstances, comme simple renonciation. Cette dernière manière de voir se justifie par la loi elle-même, qui n'accorde l'action en nullité, faite sur des pièces fausses, ou sur un différend, décidé par un jugement passé en force de chose jugée, qu'autant que la partie qui attaque la transaction, ignorait l'existence du jugement ou la fausseté des pièces (art. 2056); ce qui fait supposer que dans les autres circonstances, la loi regarde le traité intervenu comme un acte de renonciation.

3. Il n'en était pas de même en Droit romain, où l'on n'avait aucun égard aux transactions faites sur un procès jugé en dernier ressort, alors même que les parties ont connu le résultat du procès (Cod. L. II, t. IV, l. 32).

Mais d'un autre côté, si le Droit romain n'admettait pas à titre de transaction le traité intervenu sur la chose jugée en dernier ressort, il permettait d'y renoncer par tout autre pacte et faire de cette renonciation l'objet d'une convention. C'est ce que dit Doneau dans son interprétation de la loi 32 (C. de trans.) : *Tum autem si quod remittere velit, paciscendo id facere potest, ubi rem certam liberalitate remittat; transigendo non potest.* Cette différence tenait au caractère essentiellement formaliste du Droit romain qui ne permettait pas que l'on changeât la dénomination des contrats; mais une pareille rigueur n'existe pas en France, où les conventions ont la valeur que leur donne l'intention clairement exprimée des parties, quelle que soit la qualification dont elles se servent pour les désigner.

4. Il faut donc d'abord qu'il existe une cause de la transaction ; la loi exige de plus qu'elle ne soit point fausse. Il arrive souvent que les parties présentent des difficultés , des contestations imaginaires pour déguiser sous l'apparence d'une transaction une autre convention ; dans ce cas, la transaction doit être régie par les principes généraux reçus en matière de simulation et d'après lesquels toute disposition ou convention dont le but serait également atteint, quelle que soit la forme dont on le revêt , ou le genre d'acte dans lequel on la consigne, peut être indifféremment faite ou conclue d'après le mode que le disposant ou les parties estiment convenable. Si, cependant, le mode choisi pour disposer ou contracter n'a été employé que dans le but d'éluder la loi , l'acte peut être attaqué comme entaché de simulation , et cette dernière venant à être établie, la disposition ou la convention se trouve soumise , quant à ses effets , à l'influence des principes qui lui auraient été de plein droit applicables dans le cas où elle n'eût pas été déguisée au moyen d'un acte simulé. Par conséquent, un acte ne sera pas nul par cela seul qu'il aura été faussement qualifié transaction par les parties : il ne le sera qu'à la condition que la disposition ou la convention qu'il déguise sous ce nom sera elle-même annulable ; dans ce cas, il y a fraude à la loi, et c'est le lieu d'appliquer la règle *plus valet quod agitur quam quod simulatur.*

5. L'art. 888, contrairement au principe contenu dans l'art. 2052, énonce que toute transaction dont le but est de faire sortir les cohéritiers de l'indivision doit être assimilé à un acte de partage, et peut, par conséquent, être rescindable pour cause de lésion. Ainsi, que cette transaction soit ou un partage simulé ou une transaction véritable, il y a lieu dans les deux cas d'intenter l'action en rescision. Si, en effet, cet acte est un partage simulé, d'après les règles rappelées plus haut en matière d'actes simulés, il devra être jugé suivant les règles relatives aux partages ; si c'est une transaction sérieuse, il y aura lieu de déroger pour cette fois à l'art. 2052. L'art. 888 est donc une exception à l'art. 2052 ;

car s'il n'avait statué que pour le cas de simulation, il eût été inutile de l'édicter, après la règle *plus valet quod agitur quam quod simulatur.* Mais après le partage ou l'acte qui en tient lieu, l'action en rescision n'est plus admissible contre la transaction faite sur les difficultés réelles que présentait le premier acte, même quand il n'y aurait pas eu à ce sujet de procès commencé.

6. D'un autre côté, l'action en rescision n'est pas recevable contre une transaction préalable au partage par laquelle les parties ont fixé les droits ou les obligations de chacune d'elles dans l'hérédité commune (Zachariæ , IV, p. 415 ; Toullier, IV, p. 572 ; Civ. cass., 12 août 1829 ; Sir. XXIX, 1, 427 ; Req. rej., 16 février 1842 ; Sir. XLII, I, 557) ; car dans ce cas il ne s'agit plus, comme dans l'art. 888, d'un acte qui fait cesser l'indivision, mais d'un acte qui, par exemple, portera sur la quote-part afférente à chacun sur la validité d'un legs , ou sur le rapport d'une donation ou d'un legs ; dans ce cas, la transaction sera comme les transactions ordinaires non rescindable pour cause de lésion (2052).

7. Il arrive souvent que des donations se déguisent sous la forme de transactions ; pour savoir si elles sont valables, il faut résoudre cette question générale tant de fois débattue de savoir quel est le sort des donations déguisées sous la forme de contrats onéreux. Sans revenir ici sur les longues discussions qui se sont engagées à ce sujet, nous pensons avec une jurisprudence devenue constante et en harmonie avec les principes que nous avons établis plus haut pour les actes simulés, que de pareilles donations sont parfaitement valables.

8. La cause de la transaction doit être en outre licite , c'est-à-dire que l'objet douteux ou en litige doit pouvoir faire la matière d'un contrat. Nous examinerons ce point, en traitant des choses sur lesquelles on peut transiger.

TITRE V.

DE L'OBJET DES TRANSACTIONS.

Sommaire.

1. La transaction, comme tout contrat, a pour objet une chose qu'une partie s'oblige à donner, ou qu'une partie s'oblige à faire ou à ne pas faire.

2. On peut, en général, transiger sur toute espèce de droits, et notamment sur les actions civiles naissant de délits, sans toutefois qu'une transaction intervenue sur une action de ce genre puisse arrêter les poursuites du ministère public (art. 2046). Il faut remarquer à cet égard que, contrairement au Droit romain, le Droit français ne regarde point la transaction sur l'intérêt civil, résultant d'un délit, comme une preuve ou un aveu du délit lui-même.

On avait introduit dans le projet de l'ordonnance de 1670 un article qui portait défense à toute personne de transiger sur des crimes de nature à provoquer une peine afflictive ou infamante; et dans ce cas, une amende de cinq cents livres eût été prononcée tant contre la partie civile que contre l'accusé qui, par le fait même de la transaction, était tenu pour convaincu.

«Cet article, dit M. Bigot-Préameneu, dans son exposé des motifs, fut retranché comme trop rigoureux, et comme n'étant pas nécessaire dans nos mœurs où l'intérêt social, qui exige que les crimes soient punis, est indépendant de toutes conventions particulières. On a dû considérer encore qu'un innocent peut faire un sacrifice pécuniaire, pour éviter l'humiliation d'une procédure, dans laquelle il serait obligé de se justifier, et on a dû conclure que la transaction n'étant pas faite sur le délit même avec celui qui est chargé de la poursuivre, on ne doit pas en induire un aveu. C'est aussi par ce motif que toute transaction entre ceux qui remplissent le ministère public et les prévenus, serait elle-même un délit.»

3. Néanmoins nous pensons ici avec M. Troplong (Transactions, n° 58) qu'il est des cas où la transaction serait diffi-

cile à expliquer, si elle n'avait pas pour cause la culpabilité du prévenu. Tout dépend des circonstances, et d'ailleurs il s'agit ici d'un de ces arguments qui sont abandonnés à l'appréciation du jury ou des tribunaux, et dont il faut user avec sobriété.

4. Les transactions qui peuvent intervenir sur une poursuite de faux incident, sont soumises à des formalités particulières. L'art. 249 du Code de procédure nous offre une application de principe que nous avons cité plus haut, qu'en France l'action publique est toujours au-dessus des conventions des parties; il porte qu'aucune transaction sur la poursuite du faux incident ne pourra être exécutée, si elle n'a été homologuée en justice; mais le ministère public devra être mis à même d'examiner les faits, et pourra faire à ce sujet telles réquisitions qu'il jugera à propos.

5. Si la loi permet de transiger sur les dommages civils résultant d'un délit accompli, elle ne saurait jamais autoriser de transiger sur un délit à venir; ce serait donner toute licence à la violation des lois et l'encourager par l'impunité. C'est ainsi qu'on ne pourrait, par voie de transaction, valider pour l'avenir un contrat usuraire, car ce serait par une convention particulière déroger à une loi qui intéresse l'ordre public et les bonnes mœurs.

6. Est-il permis de transiger sur une action en restitution d'intérêts usuraires? C'est ce qu'a jugé affirmativement un arrêt de la Cour de Douai du 27 avril 1827 (Sirey, 1857, 1, 341), par ces motifs, qu'en admettant que l'usure, le dol et la fraude infectassent réellement les actes de vente sur lesquels avaient transigé les parties, la transaction qui était survenue n'en serait pas moins valable, puisqu'aux termes de l'art. 2046 on peut transiger même sur l'intérêt civil résultant d'un délit.

7. Cette doctrine, soutenue par un assez grand nombre d'arrêts et par beaucoup de bons auteurs, ne nous semble pas cependant en harmonie avec les vrais principes. On sait que la loi du 3 septembre 1807 défend toute stipulation d'intérêts qui excéderaient cinq pour cent en

matière civile, ou six pour cent en matière de commerce,
et donne au débiteur, qui aurait acquitté des intérêts plus
forts, le droit d'exiger le remboursement de l'excédant par
lui payé, ou l'imputation de cet excédant sur le principal
de la créance.

L'usure est donc prohibée tantôt comme un vice qui in-
fecte les contrats, tantôt elle est frappée comme un délit,
lorsqu'elle est devenue le fait habituel de celui qui l'exerce.
La loi du 3 septembre 1807 est une de ces lois qui intéressent l'ordre public et les bonnes mœurs, et auxquelles il
n'est pas permis de déroger par des conventions particulières.

Or, une transaction qui validerait pour les intérêts échus
un contrat usuraire, ne serait-elle pas une de ces conventions particulières dont il s'agit dans l'art. 6? Une pareille
transaction ne serait que la ratification d'une obligation
nulle ; or, il est reçu que si une convention est infectée de
quelque nullité fondée sur des motifs d'ordre public, sur
l'intérêt général de la société, ou qui prennent leur source
dans le respect dû aux mœurs, elle ne peut être confirmée
par aucune espèce de ratification, soit par l'un ou l'autre
des contractants, soit par l'un et l'autre ensemble. La ratification serait, dans ce cas, infectée des mêmes vices que
l'acte ratifié.

N'y aurait-il pas de l'inconséquence à défendre de valider
par voie de transaction, et pour l'avenir, un contrat usuraire,
sous prétexte qu'un pareil contrat serait entaché d'une nullité d'ordre public, tandis que, de l'autre côté, on ratifierait
pour le passé une stipulation d'intérêts usuraires. Il nous
semble qu'une convention que l'on ne peut faire valablement
pour l'avenir, ne saurait être ratifiée par ce seul motif
qu'elle existe déjà ; la *turpis causa* est la même dans les
deux cas.

Y a-t-il, d'ailleurs, une ratification plus puissante que celle
qui résulte du paiment? Or, aux yeux de la loi, cette ratification n'est rien, puisqu'en pareil cas elle autorise la répétition de l'indû pour tout l'excédant des intérêts légitimes.

Peut-on prétendre, après cela, qu'une ratification contenue dans une transaction a plus de force que celle qui résulte d'un paiement? Quels sont les motifs sur lesquels on appuie la manière de voir que nous combattons? On dit que l'on peut transiger sur des intérêts usuraires échus, puisqu'aux termes de l'art. 2046 on peut transiger même sur l'intérêt civil résultant d'un délit.

Cette assimilation est spécieuse, et il convient de bien saisir le sens de cet art. 2046; cet article signifie tout simplement que l'on peut transiger sur la réparation du dommage causé par un délit. Rien de plus légitime, en effet; la réparation dans ce cas est une dette véritable, et rien n'empêche les parties de la soumettre à toutes les conditions par lesquelles il leur plait de la réduire. Au contraire, les intérêts usuraires ne forment point l'objet d'une obligation valable; ce n'est pas une dette et le paiement n'en saurait jamais être réclamé; par conséquent le créancier n'a aucune espèce de droit contre le débiteur pour tout ce qui est usure; ils ne sauraient donc par une transaction créer une dette qui n'a jamais existé.

Il ne faut pas confondre les intérêts d'un délit, qui en sont un dédommagement légitime, avec les profits d'un délit ou d'un acte réprouvé par la loi; les intérêts, dont parle l'art. 2046, sont la réparation d'un mal; les intérêts naissant d'un contrat usuraire sont les profits illicites que le créancier prétend retirer d'une stipulation contraire à l'ordre public; l'assimilation entre ces deux sortes d'intérêts nous paraît donc impossible et ne repose que sur des mots.

8. Peut-on transiger sur les aliments? Cette question a donné lieu à de nombreuses controverses. Le Droit romain contenait sur ce sujet deux décisions qui ont servi de fondement à l'ancienne jurisprudence.

D'un côté la loi 8 au Dig. *de trans.* portait ce qui suit : *Cum hi quibus alimenta relicta erant, facile transigerent, contenti modico præsenti; Divus Marcus oratione in senatu recitata, effecit ne aliter alimentorum transactio rata esset, quam si auctore Prætore facta. Solet igitur Prætor interve-*

nire et inter consentientes arbitrari, an transactio, vel quœ admitti debeat.

D'un autre côté, la loi 8 au Code *de trans.* s'exprime ainsi : *De alimentis prœteritis si questio deferatur, transigi potest ; de futuris autem sine Prœtore seu Prœside interposita tractio nulla, auctoritate juris, censetur.*

Ainsi, suivant la législation romaine, on ne pouvait transiger sur les aliments futurs que sur l'autorisation du préteur, mais on pouvait sans cette autorisation transiger sur les aliments échus.

10. L'ancienne jurisprudence, s'inspirant des mêmes principes, admit comme valable toute transaction faite sur des aliments échus ; mais lorsqu'elle portait sur des aliments futurs, il fallait distinguer : les aliments étaient-ils dûs en vertu d'un contrat ordinaire, et d'un titre qui n'est pas à cause de mort, le créancier, qui s'est contitué lui-même des aliments, était libre de réduire ou de modifier l'obligation de son débiteur ; mais si les aliments étaient dûs en vertu d'un testament ou d'une donation à cause de mort, le créancier ne pouvait rien changer aux dispositions de son auteur, et la transaction ne pouvait valoir qu'avec l'intervention du magistrat ; à moins toutefois qu'elle ne fût favorable à l'alimentaire.

11. Que faut-il décider en Droit français actuel ? Nous pensons qu'il faut distinguer : S'il s'agit d'aliments dûs en vertu de la loi, le créancier ne pourra transiger sur le droit de les réclamer, en tant, du moins, que la transaction tendrait à détruire ou même à restreindre ce droit ; il en serait de même dans le cas où ces aliments seraient dûs en vertu d'une disposition à titre gratuit. C'est une induction que nous tirons des art. 1003, 1004 et 581 du C. de pr. ; d'après ces articles, en effet, et d'après l'esprit qui les a inspirés, le créancier d'aliments n'en a pas la libre disposition ; il ne peut les céder ; il ne peut compromettre et par conséquent transiger sur eux ; bien plus, la loi défend qu'on les saisisse ; toutes ces dispositions démontrent que le législateur a voulu en quelque sorte immobiliser la créance d'aliments, et la

mettre hors des atteintes tant de la dissipation de celui auquel on les doit que des poursuites de ses créanciers : c'est une sorte de créance permanente qui se trouve au-dessus des caprices des parties et des prétentions des tiers, et qui subsiste intacte par la volonté du législateur, quelque effort que l'on fasse pour la détruire. Que l'on considère d'ailleurs la cause d'une pareille obligation et l'on comprendra parfaitement les motifs pour lesquels la loi défend d'en répudier les bénéfices. Provient-elle de la loi ? elle est fondée sur les liens du sang et les devoirs de la nature ; il ne peut pas être permis à celui qui les doit de s'en affranchir. Est-ce d'une disposition à titre gratuit faite par un tiers ? elle sera, dans ce cas, presque toujours fondée sur la pauvreté ou la funeste prodigalité de celui en faveur duquel elle a été instituée ; et ici encore on comprend la sollicitude du législateur qui sauvegarde, contre le créancier lui-même, la conservation de ses intérêts. La loi trouve la position de l'alimentaire tellement grave et digne d'intérêt que, d'une part, elle ne trouve pas de garanties suffisantes dans la justice arbitrale, et que de l'autre, elle soustrait les aliments aux poursuites des créanciers; comment prétendre après cela que le sort de ces mêmes aliments peut dépendre du seul caprice de l'alimentaire, et qu'il peut se dessaisir, quand il lui plaît, de ce qui doit rester sacré même pour ceux envers lesquels il a contracté des obligations.

12. On doit considérer, néanmoins, comme valable une transaction faite uniquement sur le mode de prestation de pareils aliments, ou sur le paiement des arrérages échus d'une pension alimentaire.

13. Ici se présente une question fort grave, qui a besoin d'une solution scrupuleuse. Peut-on transiger sur l'état, la légitimité, la filiation, les droits de famille d'une personne?

14. En principe général, de pareilles transactions ne seraient pas valables: il n'y a, en effet, aux termes de l'art. 1128, que les choses qui sont dans le commerce qui puissent être l'objet d'une convention; or, l'état des personnes

n'est pas dans le commerce : il forme l'un des éléments les plus essentiels du droit public. De pareils droits sont imprescriptibles, et placés par le législateur au-dessus des conventions humaines : on doit donc conclure que toute transaction qui aurait la prétention de les régler serait nulle, comme dérogeant aux lois qui intéressent l'ordre public.

15. D'un autre côté, la loi déclare qu'on ne peut compromettre sur les questions d'état (1004, C. de pr.). On peut dire, il est vrai, que la transaction et le compromis ne sont point assimilables sur tous les points; c'est ainsi qu'on peut transiger avec les mineurs et les communes, pourvu que l'on se soumette à certaines conditions, tandis qu'on ne peut jamais compromettre avec les unes et les autres, même avec toutes sortes d'autorisations; cependant il faut reconnaître l'analogie des principes entre le compromis et la transaction toutes les fois qu'il s'agit d'une impossibilité juridique résultant de l'objet même sur lequel on veut transiger ou compromettre.

16. Nous établirons donc en principe qu'on ne peut transiger sur l'état d'une personne. De là il suit : 1° que si, par une transaction, un enfant a renoncé à une action en réclamation d'état, cette transaction sera nulle.

2° Que la renonciation faite par transaction à une action en contestation d'état n'est obligatoire ni pour celui qui l'a faite, ni, à plus forte raison, pour les autres personnes intéressées à contester l'état de l'enfant qui se prévaut de cette renonciation (Zachariæ, t. III, p. 665).

3° Que toute transaction portant sur l'état de liberté, ou de nationalité d'un homme, serait nulle pour toutes les parties contractantes, soit qu'elle reconnaisse, soit qu'elle dénie à cet individu les droits qui forment l'objet du contrat.

17. Nous venons de poser le principe général qui doit régir la matière : voyons maintenant comment il faut entendre son application aux espèces qui peuvent se présenter.

Nous adoptons pleinement à cet égard la distinction fort

7

judicieuse professée par M. Demolombe (t. V, n° 335) ; selon cet auteur, il y a deux choses qu'il ne faut pas confondre :

1° L'état, c'est-à-dire la légitimité, la filiation, la liberté, la nationalité ;

2° Les droits pécuniaires qui dérivent de ces divers états.

Point de transaction possible sur l'état d'un individu ; cela est contraire à la morale, à l'ordre public et à la loi. Mais on peut parfaitement transiger sur les intérêts privés et pécuniaires qui en découlent, pourvu, toutefois, que ces intérêts soient déjà nés et actuels ; car on ne saurait traiter sur une chose qui n'existe pas, comme, par exemple, sur une succession future (791, 1131, 1600).

Ainsi toute transaction, quel que soit son but, qui porterait exclusivement sur l'état d'une personne, serait par là même nulle.

Serait valable, au contraire, celle qui aurait lieu sur des intérêts déjà ouverts résultant de cet état, et encore n'engagerait-elle que pour ces intérêts et non pour les intérêts à venir.

18. De ce que l'on ne peut transiger sur l'état des personnes, tout en pouvant transiger sur les intérêts pécuniaires qui peuvent y être attachés, il résulte qu'une transaction qui, moyennant un seul et même prix, contiendrait à la fois transaction sur l'état et transaction sur les intérêts pécuniaires qui en dérivent, ne serait pas valable par suite de ce principe que les transactions sont indivisibles. Seulement nous admettons, avec la Cour de cassation (9 fév. 1830; Dalloz, 1830, 1, 117), que la transaction sera divisible alors qu'il y a un prix pour ce qui concerne l'état, et un autre prix pour ce qui concerne les intérêts pécuniaires qui s'y trouvent attachés. Il nous semble, en effet, que, dans ce cas, malgré qu'il n'y ait qu'un seul et même acte, cet acte contiendrait deux transactions distinctes et indépendantes.

19. Nous avons dit plus haut que nous n'admettions de transaction que relativement aux intérêts déjà ouverts qui

résulteraient de l'état d'un individu, mais nous n'admettons pas qu'une pareille transaction puisse devenir une fin de non recevoir pour les intérêts à venir. Ainsi, pour mieux préciser notre pensée, si aujourd'hui je transige sur une succession avec un individu qui se prétend fils du *de cujus*, la transaction que j'aurai passée sera valable en ce qui concerne la succession seulement. Si donc, par la transaction, l'individu avec lequel j'ai contracté, et qui prétendait être le fils du défunt, a renoncé à l'intégrité des droits qui lui appartiendraient sur cette succession, dans le cas où cette qualité lui serait reconnue, il ne pourra jamais revenir sur sa renonciation relativement aux biens qui ont été l'objet de la transaction ; mais si, plus tard, il venait à s'ouvrir une autre succession, à laquelle l'état qu'il réclame pourrait lui donner droit, il ne serait pas lié par cette transaction ; car il ne faut pas oublier que ce n'est pas sur son état, qui est imprescriptible et hors du commerce, qu'il a transigé, mais seulement sur ses droits à une succession échue. Réciproquement, si, par une transaction sur une succession, j'ai acquiescé de fait à l'état de cet individu que j'aurais pu contester, je resterai néanmoins libre, pour l'avenir, de lui dénier cet état ; car ici encore ce n'est pas sur cet état que j'aurai transigé, mais simplement sur des droits pécuniaires.

20. En résumé, une transaction sur les intérêts nés et actuels dérivant de l'état d'un individu n'est pas une fin de non recevoir contre toute discussion ultérieure que l'on pourrait élever à propos de cet état, et ne saurait, par conséquence, engager aucune des parties relativement aux droits pécuniaires à venir.

21. C'est ce qui n'a pas été compris, à ce qu'il nous semble, par la Cour de cassation, lorsqu'elle a rendu son arrêt du 28 novembre 1849 (Sirey, 50, 1, 81). Elle a décidé par cet arrêt que les frères et sœurs d'un enfant légitime, et auquel ils ont reconnu cette qualité dans un acte de partage, ne sont plus recevables ensuite à lui contester cette qualité, même alors qu'elle serait démentie par sa

date et les déclarations concommittantes de son acte de naissance. Il s'agissait de savoir si l'acquiescement des enfants nés pendant le mariage pouvait couvrir les vices de la naissance d'un enfant né pendant que leur mère était encore engagée dans les liens d'un précédent mariage ; enfant reconnu, d'ailleurs, par son second mari comme enfant naturel et légitimé par mariage subséquent. Les frères et sœurs de cet enfant n'ignoraient point son état véritable ; mais lorsque leur mère mourut, ils ne soulevèrent aucune discussion et l'admirent au partage comme enfant légitime. Plus tard ils réclamèrent contre cet acte de partage, en prétendant, ce qui était vrai, que l'enfant, qu'ils y avaient admis, n'était pas légitime. Celui-ci leur répondit par leur acquiescement à sa participation au partage, et la chambre des requêtes rejeta le pourvoi qu'ils avaient formé. Nous ne critiquons pas l'arrêt en lui-même, mais seulement les conséquences qu'on pourrait en tirer. Il est dit, en effet, dans ses considérants, que les effets de la reconnaissance s'étendent sur l'état civil aussi bien que sur les droits qui en sont la conséquence et l'attribution. On devrait en conclure que, dans l'espèce, il résultera pour les frères et sœurs une fin de non recevoir insurmontable, qui les empêchera dans l'avenir de contester l'état qu'ils semblaient avoir reconnu. C'est là une conséquence que nous n'admettons pas, comme nous l'avons déjà dit plus haut ; car, comme dit très-bien M. Demolombe, supposer une qualité, n'est pas la reconnaître, ni, par conséquent, renoncer au droit de la contester ; la simple supposition d'une qualité ne rend donc pas nécessairement non recevable à la contester ensuite la partie qui a agi comme si cette qualité existait.

22. M. Troplong (Des transactions, n° 69) semble être tombé dans la même erreur, lorsqu'il dit qu'on peut toujours opposer aux auteurs de la transaction la reconnaissance qu'ils y ont faite de l'état d'une personne, quand, toutefois, la transaction est favorable à cet état ; et qu'on peut se prévaloir contre eux d'une fin de non recevoir insurmontable.

23. Peut-on transiger sur les questions matrimoniales ? Nous poserons d'abord un principe qui n'a jamais été contesté : nulle transaction ne saurait annuler un mariage qui existe ; les conventions particulières ne peuvent ni dissoudre, ni modifier, ni affaiblir le lien qui résulte de l'acte de mariage.

24. Mais que faut-il penser des transactions qui, au lieu de détruire le mariage ou d'en relâcher les liens, auraient pour but de le valider, de le consacrer d'une façon indissoluble?

Il faut soigneusement distinguer suivant les nullités et les vices qui peuvent entacher le mariage que l'on désire valider par une transaction.

25. Et tout d'abord, il faut que le mariage ait une existence. «Si le mariage n'existe pas, dit M. Troplong (Des transactions, n° 81), si aucun acte de célébration n'est représenté, nous disons qu'une transaction par laquelle un homme et une femme consentent à se regarder comme époux n'a pas de valeur. Le mariage requiert essentiellement le concours de l'autorité publique. Sans ce consentement, il n'y a que concubinage, la société ne reconnaît pas l'indissolubilité du contrat.»

26. Le mariage existe-t-il? Mais est-il entaché d'un vice qui pourrait le faire annuler? Nous pensons, avec le même auteur, que l'on doit faire une distinction.

«Ou l'acte de mariage constate la preuve d'un de ces vices qui font rougir la morale, ou bien il n'est entaché que de vices qui ne blessent en rien l'honnêteté. Dans le premier cas, la transaction pour valider le mariage sera nulle ; dans le second, elle sera valable.

«Supposons qu'un mariage incestueux soit contracté. Quel serait l'effet de la transaction qui la validerait, si ce n'est de perpétuer l'outrage fait à la morale, et d'aggraver l'attentat par une récidive.

«Mais s'il s'agit d'un vice tenant au consentement ou au défaut de publicité, ou à une violation de formes requises, aucun motif d'honnêteté publique ne s'oppose à une ratification, et l'accord des époux est d'autant plus favorable, que la loi se montre très-facile à multiplier les fins de non recevoir sur cette matière. »

27. En un mot donc, il faut recourir, quant à cette dernière question, aux principes qui régissent la matière des ratifications de mariages entachés de nullité. On pourra, en général, dans une transaction, valider un mariage que l'on aurait pu ratifier; la seule difficulté, à cet égard, est donc de déterminer quels sont les vices sur lesquels les époux peuvent revenir, et quels sont ceux qu'il n'est pas permis d'effacer par une ratification quelconque.

28. Il faut, du reste, prendre garde, à cet égard, de ne pas confondre la ratification d'un mariage nul et la transaction qui a pour but de le valider. Il ne faut pas oublier la différence que nous avons posée en commençant entre ces deux actes, qui se rapprochent cependant si souvent. C'est ainsi qu'il nous semble que l'espèce sur laquelle M. Troplong a fait le brillant réquisitoire qu'il transcrit dans ses œuvres, et dont nous avons donné plus haut quelques extraits, était une ratification, et non une transaction. Il y s'agit, en effet, d'un acte unilatéral, dans lequel une personne avait solennellement reconnu son mariage comme valable et bien célébré; or, un pareil acte, selon nous, contient une renonciation, un désistement, une ratification, mais non une transaction.

29. Outre les choses que nous avons vues jusqu'ici ne pouvoir servir d'objet aux transactions, il en est certaines autres qu'il importe d'énumérer. Ainsi, on ne peut transiger sur des contestations relatives aux droits de la puissance paternelle ou de l'autorité maritale, ni sur une demande en séparation de corps; ainsi encore, le contrat qui règle les conventions civiles d'un mariage, ne pouvant subir aucun changement après la célébration du mariage (1595), il s'ensuit que les époux ne pourraient valablement transiger, ni sur une demande en séparation de biens (1443), ni, enfin, sur aucune contestation relative à l'interprétation des clauses contenues dans le contrat de mariage. Ne peuvent

encore devenir l'objet d'une transaction : les successions
futures (1130), les blés en herbe et autres fruits non
encore recueillis (loi du 6 messidor an III, art. 1er), le fonds
dotal (1554), les majorats (décret du 22 décembre 1812),
les prescriptions non acquises (2220).

30. Nul ne peut disposer de la chose d'autrui, par conséquent la chose d'autrui ne peut être l'objet d'une transaction (art. 1599). Ainsi ne serait pas valable la transaction
que ferait l'envoyé en possession provisoire des biens de
l'absent sur ces mêmes biens, attendu qu'aux termes de l'art.
125, la possession provisoire n'est qu'un dépôt qui donne,
seulement à ceux qui l'obtiennent l'administration des biens
de l'absent.

31. *Quid* des transactions consenties par l'acheteur à
pacte de réméré? devront-elles être observées par le vendeur rentrant dans les biens aliénés? Le vendeur reprend,
il est vrai, son héritage exempt de toutes charges et hypothèques dont l'acquéreur a pu le grever (1673) ; mais
comme il est tenu de respecter les baux consentis sans fraude
par ce dernier, il faut décider qu'il devra exécuter les transactions que l'acquéreur pourra avoir faites de bonne foi sur
des contestations relatives à ces baux, ou à des actes d'administration quelconques.

32. Quel sera, vis-à-vis le substitué, le sort des transactions consenties par le grevé de substitution ? Seront-elles
pour lui *res inter alios actæ?* Sous l'ancienne jurisprudence
et avant l'ordonnance de 1747, Cochin (t. IV, p. 306) décidait que le donataire, grevé de substitution, est seul propriétaire des biens chargés de fidéicommis ; tous les droits
de propriété, ajoute-t-il en développant cette idée, ne ré-
sident que dans sa personne, et tous les droits de ceux qui
sont après lui ne consistent que dans une espérance très-
fragile : ce qui est si vrai que, s'ils viennent à mourir avant
le grevé, leur droit ne passe point à leurs héritiers.... le
grevé peut transiger, compromettre sur un procès sérieux et difficile, parce que c'est un parti que la sagesse
inspire et que les lois elles-mêmes autorisent pour terminer

des contestations qui ruineraient les parties en frais, et dont l'événement est incertain.

Cochin invoque à l'appui de sa doctrine l'autorité de Peregrinus (*De fideicommissis*, art. 52, n° 81 et suiv.), qui soutient que, si le grevé a transigé sur un droit incertain et douteux, la transaction n'engage pas moins les substitués que lui-même.

33. Les opinions étaient, du reste, à cette époque fort partagées sur cette question, quand survint l'ordonnance de 1747, qui prit pour base la doctrine émise par Cochin, mais avec une modification qui présentait plus de garantie pour les intérêts du substitué. L'art. 55 de cette ordonnance était ainsi conçu : «Les actes contenant des désistements, transactions ou conventions, qui seront passés à l'avenir entre celui qui sera chargé de substitution ou qui l'aura recueillie, ou d'autres parties, soit sur la liquidation des biens substitués et les distractions, soit par rapport aux droits de propriété, d'hypothèques ou autres, qui seraient prétendus sur lesdits biens, ne pourront avoir aucun effet contre les substitués, et il ne pourra être rendu aucun jugement en conséquence desdits actes, qu'après qu'ils auront été homologués en nos cours et parlements, ou conseils supérieurs, sur les conclusions de nos procureurs généraux ; ce qui sera observé à peine de nullité.»

L'article suivant portait que «les arrêts qui auraient homologué lesdits actes seraient exécutés contre les substitués, lesquels ne pourraient se pourvoir contre lesdits arrêts que par la voie de la requête civile.»

34. Une aussi sage disposition n'a pas été reproduite par le Code; mais l'on ne saurait suppléer à son silence. Le grevé est, sans nul doute, jusqu'au moment de l'ouverture de la substitution au profit des appelés, propriétaire des biens compris dans la substitution ; il a donc pouvoir de transiger, puisqu'il a la capacité de disposer des biens faisant partie de la substitution ; les appelés n'ont de droits qu'à partir de l'ouverture de la substitution : alors seulement ils peuvent critiquer et réformer les actes faits par le grevé. Mais nous

ne pensons pas, comme Cochin, que les transactions qu'il a faites ne puissent jamais être contestées par les appelés , dont les intérêts ne sauraient souffrir des actes qu'il a passés pendant le temps qu'a duré sa propriété résoluble. Nous ne croyons pas non plus, comme le fait M. Zachariæ (t. V, p. 292), que les transactions , souscrites par le grevé , puissent devenir inattaquables, si elles ont été conclues du consentement des tuteurs à la substitution , et avec les formalités prescrites pour les transactions , dans lesquelles des mineurs sont intéressés. Ce retour à l'ordonnance de 1747 n'est pas dans la loi actuelle , et comme le porte l'arrêt de la Cour de Paris (30 juillet 1850; Sirey , 1850), que nous avons cité plus haut à propos d'une demande d'autorisation faite par un héritier bénéficiaire, les tribunaux ne pourraient, sans excès de pouvoir, en l'absence d'une disposition spéciale de la loi, créer des garanties à l'effet de couvrir une responsabilité qui doit rester pleine et entière.

35. Le principe que nous avons établi plus haut, que la chose d'autrui ne peut faire l'objet d'une transaction, souffre plusieurs exceptions et notamment en ce qui concerne les rapports des époux.

36. Sous le régime de la communauté, le mari peut transiger sur toutes les contestations relatives à l'administration des biens et aux actions mobilières et possessoires de sa femme, mais il ne peut sans son concours transiger sur ses droits immobiliers (1428).

37 Sous le régime de non communauté , le mari pourra transiger sur les contestations relatives à l'administration des biens de sa femme, mais il ne transigerait pas valablement sur le mobilier; car si la loi lui donne le droit de le percevoir, elle l'oblige aussi à le restituer, sauf cependant le cas où ce mobilier ne serait pas restituable en nature, car alors le mari en devient propriétaire, et peut en faire l'objet d'une transaction (1530).

38. Si les époux sont séparés de biens, la femme conserve ou reprend (1536, 1449) la libre administration et jouissance de ses biens; par conséquent le mari ne peut transiger sur

8

les biens de sa femme, à moins que la femme séparée ne lui ait laissé la jouissance de ses biens, cas où il pourrait transiger sur leurs revenus (1539).

39. Enfin si les époux sont mariés sous le régime dotal, le mari pourra transiger sur les contestations relatives à l'administration des biens dotaux, aux fruits de ces biens et aux remboursements des capitaux, tandis qu'il ne pourrait le faire concernant les paraphernaux de sa femme (1549 et 1576). Mais si le mari a joui des biens paraphernaux de sa femme sans mandat, et néanmoins sans opposition de sa part, il n'est tenu à la dissolution du mariage ou à la première demande de sa femme, que de la représentation des fruits existants, et il n'est pas comptable de ceux qu'il aurait consommés jusqu'alors (1578) : d'où il suit qu'il a pu valablement transiger au sujet de ces fruits.

40. L'absent qui reparait est lié par les transactions qu'ont faites ceux qui ont obtenu l'envoi en possession définitive (132).

41. L'associé chargé d'administrer par une clause spéciale du contrat de société, peut, nonobstant l'opposition des autres associés, transiger sur toutes les contestations relatives à son administration, pourvu que ce soit sans fraude (1856).

CHAPITRE V.

DE LA PREUVE DE LA TRANSACTION.

Sommaire.

1. L'art. 2044 exige que la transaction soit rédigée par écrit, mais cette disposition ne fait pas de l'écriture une condition de la validité du contrat; elle doit être entendue en ce sens, que la preuve de la transaction ne peut être faite par témoins, même au-dessous de 150 francs. L'écriture est exigée ici non *ad solemnitatem*, comme condition essentielle à l'existence du contrat, mais *ad probationem*, comme moyen de preuve. L'art. 2044 est donc prohibitif de la preuve testimoniale en matière de transaction; il est bien entendu, d'ailleurs, qu'il n'est pas applicable au cas prévu par l'alinéa 4 de l'art. 1348, où le titre a été perdu par suite d'un cas fortuit, imprévu, et résultant d'une force majeure.

2. La raison qui a dicté cette rigueur dans la preuve de la transaction est facile à saisir; la transaction qui a pour but de prévenir ou d'arrêter les procès ne doit pas en susciter de nouveaux; il fallait donc s'attacher, avant tout, à lui donner une forme invariable qui mit son existence au-dessus de toute contestation. Puisqu'un pareil acte doit assoupir des procès, il faut tout d'abord empêcher que l'on ne puisse intenter un procès sur la question de savoir s'il a ou non une réalité.

3. L'art. 2044 n'ayant, comme nous venons de l'établir, d'autre objet que de proscrire la preuve testimoniale, on peut, en cas de contestation sur l'existence ou sur les clauses d'une transaction, déférer le serment litis-décisoire, ou provoquer un interrogatoire sur faits et articles. La transaction peut donc se prouver par écrit, par l'aveu de la partie, et par la voie du serment litis-décisoire.

4. Pourra-t-on cependant invoquer la preuve testimoniale dans le cas où il existerait un commencement de preuve par écrit? Nous pensons contrairement à M. Merlin (Quest.. Trans., § 8, nos 1, 2), qu'il faut se prononcer pour la négative. La règle de l'art. 2044 est un droit spécial et rigoureux, qu'il n'est pas permis de modifier par une exception faite au Droit commun. Cette manière de voir se justifie d'ailleurs pleinement par les paroles que prononçait M. Albis-

son, dans son rapport au tribunat, dans lequel il dit nettement que, d'après la nature particulière de la transaction, on ne doit pas faire dépendre ce contrat amiable de la solution d'un problème sur l'admissibilité ou les résultats d'une preuve testimoniale. L'esprit de la loi bannit donc complétement la preuve testimoniale en pareille matière comme étant én tous cas insuffisante et dangereuse, et l'on ne peut voir d'exception à ce principe que pour les cas d'une nécessité et d'une équité évidentes, comme ceux en vue desquels a été édicté l'art. 1348.

5. Nous avons dit que la transaction peut se prouver par l'aveu et par le serment décisoire. Cette proposition se trouve contredite par M. Troplong (Trans., n° 29) qui proscrit le serment en pareille matière, et n'admet point que l'on puisse provoquer un interrogatoire sur faits et articles, pour en tirer la preuve de l'existence d'une transaction. Nous pensons que, raisonner ainsi, c'est étendre hors de ses limites la rigueur de l'art 2044, qui n'a qu'une seule chose en vue, c'est d'empêcher que l'on ne fasse dépendre le sort d'une transaction de la preuve testimoniale.

L'aveu extra-judiciaire ne saurait suffire pour prouver une transaction, car, ou cet aveu est simplement verbal, et dans ce cas il sera inutile de le produire, puisque l'on ne peut administrer par témoins la preuve de la transaction, ou bien il est consigné par écrit, et alors, pour avoir quelque valeur, il faudra qu'il soit revêtu de toutes les conditions voulues pour la preuve de la transaction elle-même ; c'est-à-dire qu'il devra être fait sous forme authentique, ou du moins par acte privé en autant d'originaux qu'il y a de parties intéressées : ce ne sera plus un aveu, mais une véritable transaction écrite. Décider autrement, ce serait tourner les difficultés posées par la loi pour la preuve de la transaction, et se relâcher de la sévérité de ses prescriptions à cet égard. On peut donc dire que l'aveu fait extra-judiciairement ne suffit pas pour prouver une transaction.

7. Il n'en est pas de même de l'aveu judiciaire ; suivant l'art. 324 du Code de procédure, les parties peuvent, en

toutes matières, demander un interrogatoire sur faits et articles : on pourra donc faire interroger la partie contre laquelle on invoque une transaction sur l'existence de cet acte, et lui arracher un aveu. Il est bien entendu, d'ailleurs, que la transaction ainsi avouée ne produira d'effet qu'autant que les parties seront entièrement d'accord sur les conditions sous lesquelles elle a été passée ; s'il y avait discussion à ce sujet, l'aveu judiciaire ne pouvant être divisé contre celui qui l'a fait (1356), le juge devra ou s'en rapporter entièrement à l'avouant, ou regarder l'aveu comme non avenu.

8. L'aveu judiciaire peut aussi résulter ou d'une réponse à l'interpellation du juge, ou d'une déclaration spontanée faite soit dans le cours du procès, soit lors des plaidoiries.

9. Une partie peut déférer le serment à son adversaire sur l'existence d'une transaction verbale qu'il refuse d'exécuter. Le serment litis-décisoire peut, en effet, être déféré sur quelque espèce de contestation que ce soit ; il peut l'être en tout état de cause, et encore qu'il n'existe aucun commencement de preuve par écrit de la demande ou de l'exception sur laquelle il est provoqué (1358-1360).

10. Mais nous ne pensons pas que le juge soit autorisé à déférer à l'une des parties le serment supplétif sur l'existence de la transaction. Le juge ne peut déférer le serment supplétif que sous les deux conditions suivantes. Il faut : 1° que la demande ou l'exception ne soit pas pleinement justifiée ; 2° qu'elle ne soit pas totalement dénuée de preuve (1367). Or, le caractère du commencement de preuve nécessaire pour autoriser le juge à déférer le serment supplétoire varie suivant la nature du fait sur lequel repose la demande ou l'exception. Lorsqu'il s'agit d'un fait susceptible d'être établi par témoins, le juge peut, sur le fondement de simples présomptions et en l'absence de tout commencement de preuve par écrit, déférer le serment supplétif ; si, au contraire, la preuve testimoniale du fait contesté n'est point admissible sans commencement de preuve par écrit, le juge ne peut déférer le serment qu'autant qu'il existe un com-

mencement de preuve de ce genre. Mais s'il s'agit, comme au cas d'une transaction, d'un fait qui ne peut être prouvé ni par la preuve testimoniale toute seule, ni par un commencement de preuve par écrit accompagné de la preuve testimoniale, la délation d'un pareil serment n'est pas permise au juge.

11. La transaction écrite peut être faite soit par acte authentique, soit par acte privé.

Lorsqu'elle est faite par acte authentique, elle doit être passée devant deux notaires, ou devant un notaire et deux témoins, dans la forme voulue pour les actes dont il doit être conservé minute. Une autre espèce de transaction authentique, c'est le jugement d'expédient : jugement passé d'accord, ou jugement convenu, dont nous avons parlé plus haut.

12. Enfin, les transactions peuvent aussi être valablement constatées par le procès-verbal dressé par le juge de paix en bureau de conciliation. Le but de l'institution des bureaux de conciliation est de substituer une transaction aux procès qui menacent de s'engager. Lorsque, heureusement, le juge de paix est parvenu à concilier les parties, son devoir est d'arrêter les conditions de cet accord par un procès-verbal, qui n'a pas besoin d'être signé par les parties. Ce procès-verbal est un acte authentique, en ce sens qu'il a été, conformément aux prescriptions de l'art. 1317, reçu par un officier public, ayant le droit d'instrumenter dans le lieu où il a été rédigé; mais s'il a le caractère de l'acte authentique, il n'en emporte pas les effets, car, aux termes de l'art. 54 du Code de procédure, les conventions des parties insérées au procès-verbal ont force d'obligation privée. Elles ne peuvent pas, par conséquent, être revêtues de la formule exécutoire, ni servir de titre pour exécuter mobilièrement ou immobilièrement; elles ne sont pas non plus des transactions judiciaires et n'emportent pas hypothèque judiciaire. Le procès-verbal de conciliation a donc toute la foi d'un acte authentique sans en avoir la force.

13. De ce que les transactions contenues dans le procès-

verbal de conciliation ont un caractère authentique, il suit :
1° que la signature des partiés n'est pas indispensable,
comme elle le serait, s'il s'agissait d'un acte sous seing
privé ; 2° qu'il n'est pas nécessaire qu'il soit rédigé en autant de copies qu'il y a de parties intéressées ; 3° qu'elles
font foi jusqu'à inscription de faux (Carré, lois de pr. civ.,
t. Ier, 231).

CHAPITRE VI.

DE L'EFFET DES TRANSACTIONS.

Sommaire.

1. Les transactions ont entre les parties l'autorité de la
chose jugée en dernier ressort (2052). «Les transactions,
disait Bigot-Préameneu, se font sur une contestation née
ou à naître, et les parties ont entendu y balancer et régler
leurs intérêts. C'est donc, en quelque sorte, un jugement

que les parties ont prononcé entre elles , et lorsqu'elles-
mêmes se sont rendu justice , elles ne doivent plus être ad-
mises à s'en plaindre. S'il en était autrement , les transactions ne seraient elles-mêmes qu'une nouvelle cause de
procès. C'est l'irrévocabilité de ce contrat qui le met au
rang de ceux qui sont le plus utiles à la paix des familles
et à l'union des sociétés. Aussi l'une des plus anciennes
règles de droit est que les transactions ont entre les parties
une force pareille à l'autorité de la chose jugée : *Non minorem auctoritatem transactionem, quam rerum judicatarum
esse recta ratione placuit* (C. II, IV, 20).

2. La contestation qui a été la cause de la transaction est
donc irrévocablement jugée par la sentence que les parties
ont elles-mêmes prononcée sur leurs intérêts réciproques.
Il importe cependant de signaler quelques points de différence entre la transaction et la chose jugée.

Le jugement n'est jamais rendu que sur une contestation
née, tandis que la transaction peut prévenir une contestation
à naître.

Le jugement est une décision raisonnée de la part du
juge ; une transaction , au contraire , est le produit d'un
doute : c'est un expédient choisi par les parties pour fuir
toute discussion , toute solution absolue.

Un jugement peut être cassé pour mauvaise interprétation
de la loi ; la transaction , au contraire , ne peut être attaquée pour cause d'erreur de droit (2052).

Un jugement passé en force de chose jugée ne peut être
attaqué que par certaines voies de droit : la cassation , la
requête civile ; tandis que les demandes en rescision d'une
transaction sont portées par action principale et directe devant le tribunal.

Un jugement passé en force de chose jugée peut être
rétracté par voie de requête civile, s'il contient des dispositions contraires entre elles (480, C. de pr.); ce qui ne
serait pas une cause de rescision dans une transaction : il
y aurait lieu seulement, dans ce cas , à interprétation des
dispositions contradictoires.

Les transactions forment un tout indivisible , en sorte
que la nullité d'un des chefs de la transaction fait tomber
tous les autres (2055); un jugement, au contraire, peut
être réformé relativement à quelques-uns de ses chefs et
confirmé quant aux autres.

3. La transaction a donc généralement plus de force entre
les parties contractantes qu'un jugement en dernier ressort;
c'est ce qui résulte, d'ailleurs , d'une réponse que fit Tronchet au premier consul pendant la discussion au conseil
d'État sur l'art. 14 du projet. «La transaction a donc un caractère plus sacré que les jugements?» demandait le premier consul; le citoyen Tronchet répondit «que ce principe est notoire, qu'il est fondé sur ce que dans les transactions les parties se jugent elles-mêmes.»

4. Mais à l'égard des tiers, les transactions ont moins de
force que les jugements en dernier ressort, comme nous
l'établirons ultérieurement.

5. La transaction tenant lieu entre les parties et leurs
successeurs de jugement en dernier ressort, engendre entre
ces personnes une exception analogue à celle de la chose
jugée, *exceptio litis per transactionem finitæ;* mais cette exception n'existe, de même que celle de la chose jugée, que sous
les conditions et dans les limites indiquées dans l'art. 1351.
Par conséquent la transaction faite par l'un des intéressés ne
lie point les autres intéressés, et ne peut être opposée par
eux (2051). Si donc un débiteur d'une succession transige
avec l'un des héritiers de son créancier, cette transaction
ne pourra être opposée ni par le débiteur aux autres héritiers , ni par ceux-ci au débiteur (1165).

6. Il faudrait cependant décider, d'une manière différente,
si les divers intéressés étaient unis par un lien de solidarité
active ou passive. Ainsi , la transaction faite avec l'un des
débiteurs solidaires profite aux autres, quoiqu'elle ne puisse
pas leur être opposée. Cette décision nous semble une induction toute naturelle de l'art. 1285 , suivant lequel la remise
ou décharge de l'un des codébiteurs solidaires libère tous
les autres , à moins que le créancier n'ait expressément ré-

9

servé ses droits contre ces derniers. Or, la conclusion incontestable de cette dernière disposition est que, si la remise ou décharge faite par le créancier au débiteur solidaire profite aux autres codébiteurs, à plus forte raison la transaction qui contient décharge complète ou seulement partielle doit pouvoir leur profiter. Qu'il y ait, en effet, extinction entière ou simplement réduction de la dette, le principe n'en reste pas moins acquis, car ce qui est juste et vrai pour le tout est aussi juste et vrai pour la partie.

7. On peut, au surplus, invoquer encore à l'appui de la proposition que nous émettons les termes de l'art. 1208, qui autorise le codébiteur solidaire poursuivi par le créancier à opposer toutes les exceptions qui résultent de la nature de l'obligation, ainsi que toutes celles qui sont communes à tous les codébiteurs. Il nous semble que du moment que le créancier transige avec un codébiteur, sans stipuler que la transaction n'aura d'effet que sur la part de ce dernier, ce contrat modifie la nature même de l'obligation, et la transforme ainsi relativement à tous les autres codébiteurs, qui pourront par là même en exciper contre lui.

M. Delvincourt (tome III, p. 4) objecte bien que la transaction ne se fait qu'au moyen de sacrifices mutuels, et que dès lors l'un des débiteurs ne saurait engager les autres à des concessions qu'ils n'ont point directement consenties ; mais ce n'est pas là une raison de repousser le principe que nous avons émis plus haut, qu'une transaction passée avec un codébiteur profite à tous les autres, puisque nous y ajoutons que cette transaction ne peut leur être opposée. S'ils croient qu'elle peut leur être avantageuse, ils sont libres de l'invoquer ; mais ils seront également libres de la regarder comme non avenue à leur égard, s'ils pensent qu'elle leur est préjudiciable. Le débiteur solidaire peut bien améliorer la condition de ses cointéressés, mais il ne peut l'aggraver ; il peut stipuler pour eux des avantages, mais il ne peut leur créer des obligations nouvelles et onéreuses. Ce que nous venons de dire ressort, d'ailleurs, avec évidence du rapport du tribun Albisson, qui, après avoir posé la règle établie par l'art. 2051, et par laquelle la transaction faite avec l'un des intéressés ne lie point les autres intéressés et ne peut être opposée par eux, ajoute : «ce qui est générale- ment vrai, une telle transaction étant étrangère aux autres intéressés ; mais dans le cas où il s'agirait d'intéressés tels que des codébiteurs ou des cautions solidaires, l'application de cette règle serait sujette à des limitations et à des modi- fications expliquées dans la loi générale sur les contrats, à laquelle il faudrait avoir recours.»

La transaction est donc, sauf le cas où le créancier a ré- servé ses droits contre eux, une de ces exceptions communes à tous les codébiteurs solidaires, et que l'on peut appeler réelles, parce qu'elles portent sur la dette elle-même, et qu'elles ne sont pas attachées à la personne de tel ou tel débiteur déterminé (1208).

8. Réciproquement, la transaction conclue avec l'un des créanciers solidaires peut être invoquée par les autres, mais non leur être opposée, si ce n'est pour sa part dans la créance ; c'est une conséquence par analogie de l'art. 1198 et aussi de l'art. 1365, 2⁰ alinéa. En effet, chaque créan- cier a mandat pour faire tous les actes utiles à la conser- vation de la créance, ou qui peuvent en assurer le paie- ment ; mais ce mandat cesse quand il fait un acte qui aggraverait la position des autres créanciers, s'il avait effet contre eux.

9. La transaction faite avec un débiteur peut évidemment être invoquée par sa caution, mais elle ne lui est pas oppo- sable, car le débiteur ne peut pas par son fait enlever à la caution les moyens de défense qu'elle pouvait opposer au créancier (1287). Il résulte du même article que la trans- action faite avec la caution ne profite pas au débiteur ; néanmoins ce que le créancier a reçu d'une caution pour la décharge de son cautionnement doit être imputé sur la dette et tourner à la décharge du débiteur principal et des autres cautions (1288).

10. Du principe qu'une transaction passée avec l'une des parties intéressées ne profite pas aux autres et ne peut être

opposée par eux, sauf les cas de solidarité que nous venons de voir, il résulte que, si celui qui avait transigé sur un droit qu'il avait de son chef, acquiert ensuite un droit semblable du chef d'une autre personne, il ne sera pas, quant au droit nouvellement acquis, lié par la transaction antérieure. (2050). La loi 9 au Digeste, liv. 2, tit. 4, *de trans.*, en fournit un exemple dans la personne du majeur qui, ayant transigé avec son tuteur sur le compte de sa portion dans les biens de son père, succéderait ensuite à son frère, à qui le même tuteur devrait rendre compte de sa portion dans les mêmes biens ; et cette loi décide que ce droit nouvellement acquis n'est nullement altéré par la première transaction. Il ne s'agit, en effet, ici ni des mêmes personnes ni des mêmes biens : *Transactio, quæcumque sit, de his tantum de quibus inter convenientes placuit, interposita creditur.*

11. L'exception *litis per transactionem finitæ*, créée par la transaction, ne peut donc être invoquée qu'autant que la nouvelle transaction porte sur le même objet que la précédente. Les questions d'interprétation que l'on peut soulever à cet égard sont régies, d'ailleurs, par le principe porté dans l'art. 1163, que quelque généraux que soient les termes d'une convention, elle ne comprend que les choses sur lesquelles il paraît que les parties se sont proposé de contracter ; *iniquum est perimi pacto, id de quo cogitatum non docetur.* (L. 9, Dig. *de trans.*).

Le législateur a plus spécialement appliqué cette règle aux transactions, en la reproduisant avec une certaine énergie dans l'art. 2048, qui dit que les transactions se renferment dans leur objet ; la renonciation qui y est faite à tous droits, actions et prétentions, ne s'entend que de ce qui est relatif au différend qui y a donné lieu. Le même principe se trouve répété avec autant d'insistance dans l'article suivant. On doit en induire que les transactions doivent être interprétées d'une façon restrictive, mais il importe ici de faire une distinction.

12. Il résulte, en effet, de la combinaison des art. 2048,

2049 et 2057, qu'on doit reconnaître deux sortes de transactions; les transactions particulières et les transactions générales. Dans la première, la renonciation à tous droits, actions et prétentions, ne s'entend que de ce qui est relatif au différend qui y a donné lieu, parce qu'elles se renferment dans leur objet. Mais la renonciation faite dans une transaction générale comprend tous les droits quelconques du renonçant, parce qu'alors les parties ont voulu tout terminer entre elles.

13. La transaction par laquelle l'obligé principal renonce à l'effet du jugement qu'il a obtenu, et qui réduit sa dette, jugement dont le créancier a interjeté appel, peut être opposée à la caution qui n'a été partie ni au jugement, ni à la transaction. Sans doute, le débiteur ne peut, par une transaction aggraver la position de la caution, et celle-ci a toujours le droit de prouver que la transaction déroge à la convention principale, et que le débiteur doit dès lors rester dans les termes de cette convention, la seule qui l'oblige. Si donc cette convention primitive renferme des exceptions opposables au créancier, le fidéjusseur pourra en user, *etiam invito reo* (Troplong, Du cautionnement, n° 507). Mais pour l'application de ces principes, il faut qu'il y ait dérogation à la convention principale; or, dans l'espèce que nous avons en vue, la transaction aurait précisément pour objet le maintien de cette même convention. On ne peut pas dire qu'elle aggrave la position du débiteur ou celle de la caution : il est vrai que la dette stipulée se trouve réduite par jugement; mais si ce jugement, passé en force de chose jugée, eût pu profiter au fidéjusseur, il en est autrement pour le cas où la transaction a pour objet de faire considérer comme non avenu ce même jugement frappé d'appel, et dont, par conséquent, on remettait l'existence en question. C'est ce qu'a jugé, en dernier lieu, un arrêt de la Cour de cassation du 10 juillet 1849 (Sir. 49, 1, 577). .

14. Nous citerons en terminant, et comme exemple d'interprétation de transaction, un arrêt récent (Cassat. 16 déc. 1851; Dall. 1852) qui vient de décider que la transaction

par laquelle un légataire, tout en renonçant à former une demande en répétition en France contre une succession à laquelle il était appelé, se serait réservé tous ses droits sur les biens du défunt, situés à St.-Domingue, lui a aussi virtuellement réservé tous ses droits sur l'indemnité qui pouvait être et qui a été en effet accordée plus tard aux propriétaires de cette colonie. Il en résulte que cette indemnité, attribuée aux colons en vue des biens perdus et proportionnellement à la valeur de ces biens, les remplace et doit être elle-même considérée sous ce rapport comme bien de St.-Domingue.

15. La transaction est simplement déclarative ou récognitive des droits qui faisaient l'objet du différend sur lequel elle est intervenue ; elle n'est donc pas transmissive. Il en résulte qu'elle ne donne pas ouverture à garantie, à raison de l'éviction que l'une des parties éprouverait quant aux droits reconnus à son profit. Mais cette conséquence ne doit pas être admise sans la distinction pleine de justesse que fait Pothier (De la vente, nos 646 et suiv.). Si la chose, dont l'une des parties a été évincée, ne faisait pas l'objet de la contestation, il faut décider que la garantie est due de même qu'en matière de vente. La chose était-elle l'objet de la transaction, il faut faire la distinction suivante : ou l'une des parties la reçoit, tout en reconnaissant qu'elle appartient à l'autre partie qui la lui transmet moyennant une somme ; dans ce cas, il y aurait évidemment lieu à garantie pour éviction, parce qu'il s'agit ici non plus d'une propriété contestée, mais de droits cédés par l'une des parties à l'autre, comme prix ou comme condition de la concession que cette dernière faisait de son côté ; la transaction devient ici un titre translatif, susceptible de devenir le fondement d'un recours en garantie. Ainsi, Paul possède une maison qui appartient à Pierre ; il ne nie pas le droit de propriété de ce dernier ; Pierre aurait le droit d'actionner Paul en dessaisissement : au lieu de cela, ils transigent et conviennent que Paul gardera la maison, moyennant un prix de tant qu'il payera à Pierre, et qui sera d'autant plus élevé qu'il con-

tiendra un dédommagement pour Paul, et qu'il sera un sacrifice de la part de Pierre. Paul deviendra par le fait de cette transaction propriétaire de cet immeuble, et s'il est évincé, il aura contre Pierre une action en garantie. Si, au contraire, le litige étant sérieux et réel, l'une des parties laisse à l'autre la chose contestée, et reçoit d'elle une somme pour abandonner ses prétentions, dans ce cas, la transaction sera simplement déclarative de propriété; elle n'entraînera pas de garantie; la chose, au lieu de passer d'une partie à l'autre, est censée avoir toujours appartenu à celle qui la conserve. On se demande, en effet, sur quoi se fonderait dans ce 'cas une action en garantie; le renonçant n'a promis qu'une chose, c'est de faire cesser ses prétentions; mais il ne saurait raisonnablement enchaîner celles des autres.

Ces principes se trouvent parfaitement résumés dans les lignes suivantes de Pothier (Edit. in- 4°, t. 1er, p. 524) :

«La transaction, par laquelle je vous donne une chose qui ne faisait pas l'objet de la contestation, pour que vous vous désistiez d'une demande, est un contrat *do ut facias*, qui donne lieu à la même garantie qu'en cas de vente.

«Lorsque l'une des parties, par la transaction, laisse à l'autre la chose qui faisait l'objet de la contestation, et reçoit d'elle une somme pour se désister de ses prétentions, il n'y a pas lieu à la garantie.

«*Secus*, ajoute-t-il, si, dans la transaction, je reconnaissais qu'elle vous appartenait, et que je l'ai acquise de vous pour une somme.» (Même tome, p. 705.)

16. La question de savoir si la transaction peut servir de fondement à l'usucapion, se résout par les mêmes principes et les mêmes distinctions. En général, la transaction ne saurait fonder l'usucapion; elle n'a d'autre but, en effet, que de reconnaître ou de confirmer un titre antérieur, dont l'existence et la validité étaient contestés; elle se confond dès lors avec ce titre, et n'en forme point par elle-même. Autre chose est de reconnaître un droit qui peut ne pas exister, et en conférer la propriété. Mais, par exception, la transaction pourra servir de fondement à l'usucapion dans les cas

où elle donne ouverture à l'action en garantie pour cause d'éviction.

17. A l'égard des tiers, les transactions n'ont pas plus de force que d'autres conventions : ce qui veut dire que, sauf les cas exceptés par la loi, les transactions ne sauraient ni leur nuire, ni leur profiter.

Nous avons vu plus haut qu'à l'égard des parties elles-mêmes, les transactions avaient plus de solidité que les jugements rendus en dernier ressort ; il n'en est pas de même vis-à-vis les tiers. Les jugements ont, en effet, un caractère public qui manque aux conventions, si puissantes que soient à l'égard des parties elles-mêmes les obligations qui en dérivent. Un jugement commande avant tout l'obéissance à quelque personne qu'on l'oppose ; et tout citoyen doit commencer par s'y conformer, sauf à le faire réformer, s'il y a lieu. Par conséquent, le tiers auquel on oppose un jugement est tenu, s'il veut en éviter les effets, d'y former tierce-opposition ; s'il ne le fait pas, il y a présomption que ce jugement le concerne, et il devra en subir l'exécution. S'il a formé tierce-opposition, il pourra demander qu'il soit sursis à cette exécution, et le tribunal pourra, suivant les circonstances, passer outre ou surseoir (477, C. de pr.) ; ce sursis même ne pourra être accordé lorsque le jugement portera condamnation de délaisser la possession d'un héritage (478, C. de pr.).

Les conventions, au contraire, et par conséquent les transactions, n'ont aucun empire sur les tiers ; *privatis pactionibus non dubium est non lædi jus cæterorum* (Dig. II, XV, 3). Mais lorsqu'il s'agit d'une transaction judiciaire convertie en jugement, les tiers ne peuvent l'attaquer qu'au moyen de la tierce-opposition, dans les circonstances où ils seraient obligés de recourir à cette voie, si on leur opposait un jugement ordinaire.

CHAPITRE VII.

DE LA CLAUSE PÉNALE.

Sommaire.

1. Principe général.
2. Exception en matière de transactions.
3. Quand cette exception doit-elle être appliquée ?

1. Les parties peuvent, comme dans toute espèce de contrats, stipuler une clause pénale contre celle qui manquera d'exécuter la transaction. En règle générale, la clause pénale n'est qu'un accessoire de l'obligation principale: c'est la compensation des dommages que le créancier souffre de l'inexécution de cette obligation; il s'ensuit qu'il ne peut demander, en même temps, le principal et la peine, à moins cependant qu'elle n'ait été stipulée pour le simple retard (1229).

2. Par exception, en matière de transaction, la peine et l'éxécution de la transaction peuvent être cumulativement demandées, *rato manente pacto*, lorsque la peine a été stipulée non pas comme l'équivalent de l'objet de la transaction, mais comme la représentation du dommage que pouvait causer la nécessité de soutenir un procès pour faire maintenir la transaction. Ainsi, si la peine stipulée est une indemnité pour les désagréments et les embarras résultant d'une instance judiciaire, le créancier pourra, contrairement à l'art. 1229, demander à la fois le principal et la peine; et cela, quand même celui qui aurait voulu revenir contre la transaction aurait été débouté de sa demande et forcé d'exécuter la transaction, « parce que, dit M. Toullier, la condition de l'obligation pénale n'est pas si vous faites rescinder l'acte, mais seulement si vous revenez contre, si vous l'attaquez, quelle que soit l'issue de l'attaque. » (Tome VI, n° 834.)

Mais que faudra-t-il décider, si celui qui a refusé d'exécuter la transaction parvient à la faire annuler ou rescin-

10

der? L'obligation que la clause pénale engendre est une obligation secondaire et accessoire, subordonnée à la validité de l'obligation principale; par conséquent, la nullité de l'obligation primitive et principale doit entraîner la nullité de la clause pénale (1227). La clause pénale sera donc nulle si la transaction, sous condition de laquelle elle a été stipulée, est infectée d'un vice qui en opère la nullité radicale, tels que le défaut de consentement, la violence, le dol. Comment, au surplus, pourrait-on accorder un dédommagement à l'une des parties, si l'autre avait des motifs assez sérieux à faire valoir pour demander l'annulation de son obligation? Comment une partie qui aurait exercé le dol, par exemple, pour amener l'autre à souscrire une transaction, pourrait-elle se plaindre des dérangements que lui causerait un procès en nullité et réclamer à la justice le paiement d'une indemnité, qui n'a été évidemment stipulée que pour le cas d'une transaction loyale et valable? Si donc la partie qui attaque la transaction triomphe, la peine n'est pas due; et si elle est payée, il y aura lieu à la répétition *condictione indebiti* ou *sine causa*.

3. Mais quand pourra-t-on dire que la clause pénale est un simple dédommagement exigible cumulativement avec le principal, si toutefois les parties n'ont pas bien précisé leurs intentions à cet égard? M. Toullier (tome VI, p. 870) tient pour constant, qu'en matière de transaction, la clause pénale doit toujours être regardée, sauf stipulation contraire, non pas comme la compensation des dommages et intérêts qui pourraient résulter de l'inexécution absolue de la transaction, mais comme une indemnité des embarras, des frais et des inquiétudes que donne à l'autre partie la nécessité de soutenir un procès qu'on avait voulu prévenir.

Nous ne saurions embrasser une opinion aussi absolue; nous pensons que la clause pénale n'est pas toujours, sauf stipulation contraire, une indemnité que l'on peut réclamer cumulativement avec le principal. Selon nous, c'est là une pure question de fait; si la peine est minime en proportion de l'objet de la transaction, on doit supposer naturellement qu'elle a été établie en vue de compenser les ennuis et le préjudice d'une contestation ; elle pourra donc, dans ce cas, être réclamée, *rato manente pactu* ; si, au contraire, elle équivaut à peu près au principal, on doit décider qu'elle a été stipulée en vue de l'inexécution de la transaction, et dès lors l'autre partie n'aura que le choix entre l'exécution de la clause pénale ou celle de la transaction.

CHAPITRE VIII.

DES CAUSES DE NULLITÉ ET DE RESCISION DES TRANSACTIONS.

Sommaire.

1. Toute transaction est susceptible d'être attaquée en nullité, lorsqu'elle manque des conditions requises pour sa validité, que nous avons énumérées plus haut. C'est ce qui a lieu, par exemple, si le consentement de l'une des parties a été extorqué par violence, surpris par dol, ou s'il a été le résultat d'une erreur de la nature de celles qui sont énumérées dans l'art. 2053. Mais dans les cas que nous venons de citer, la transaction n'est pas entachée d'une nullité absolue, mais seulement d'une nullité relative (1117).

La transaction, quoique infectée des vices que nous venons d'énumérer, pourra donc être ratifiée; et l'action en nullité, que l'on peut diriger contre elle, se prescrira par dix ans, à compter de la cessation de la violence ou de la découverte du dol ou de l'erreur.

2. La transaction peut donc être annulée pour cause d'erreur, mais c'est un principe dont il faut ici scrupuleusement déterminer l'application.

En effet, l'art. 2052 forme dans la matière une dérogation au droit commun sur les contrats ; il porte que la transaction ne peut être attaquée pour cause d'erreur de droit.

La maxime romaine, *nocet ignorantia juris, non nocet ignorantia facti,* n'a point passé d'une façon absolue dans la législation civile française; c'est, du moins, ce que l'on est autorisé à conclure de la combinaison des art. 1110 et 1377 avec les art. 1356 et 2052. L'erreur de droit est donc en général une cause de rescision aussi bien que l'erreur de fait.

L'art. 2052 fait exception à ce principe, et la cause de cette disposition spéciale au contrat qui nous occupe est facile à saisir. Le législateur a considéré avec raison que les parties ne transigent pas sans avoir bien étudié la cause de la transaction et sans avoir mûrement débattu, et sur l'avis de personnes sages et compétentes, leurs chances et leurs intérêts réciproques. S'il est, en effet, un cas où la règle que nul n'est censé ignorer la loi, peut être justement appliquée, c'est celui où les parties ne peuvent agir qu'après une discussion complète des droits qui peuvent leur appartenir. M. Toullier fait très-judicieusement remarquer, d'ailleurs, que c'est précisément l'ignorance de l'existence, du sens ou de l'interprétation de la loi qui est ordinairement la cause des transactions, et qu'il serait contradictoire de laisser réclamer au nom du droit contre une transaction qui souvent est faite tout exprès pour prévenir un débat qui serait fondé sur l'application du droit.

Ainsi, pour citer un exemple, que nous tirons de l'espèce jugée par la Cour de cassation (4 mars 1840, Devill. 40, I, 382), une personne accordant la qualité d'héritier à Primus qui ne l'a pas encore, ou ne l'a pas pour le tout, transige avec lui comme s'il en était investi actuellement et sans partage. Une telle transaction est fondée sur une erreur de droit ; mais cette erreur ne saurait la faire annuler.

3. L'erreur de droit ne vicie donc pas la transaction ; mais ici se présente une question qui a souvent divisé les auteurs. L'art. 2054, que nous examinerons plus tard d'une façon plus spéciale, porte qu'il y a lieu à l'action en rescision contre une transaction, lorsqu'elle a été faite en exécution d'un titre nul, à moins que les parties n'aient expressément traité sur la nullité.

Il résulterait de la simple lecture de cet article, qu'une partie pourrait se prévaloir de son ignorance de la nullité du titre, qui était le fondement de la transaction, pour demander la rescision de cette dernière, que cette ignorance fût de fait ou de droit. Or, d'un autre côté, l'art. 2052 dit que l'erreur de droit ne vicie pas la transaction. Que faut-il conclure? l'art. 2054 est-il une contradiction, une dérogation de l'art. 2052, ou bien, dans le cas qu'il prévoit, ne pourra-t-on se prévaloir que d'une erreur de fait, et doit-on concilier ainsi les termes de ces deux articles? Telle est la question; elle a souvent divisé et divise encore les auteurs. Merlin (Rép., *de trans.*, §5, n° 4 bis), et après lui, M. Rigal (p. 155 et suiv.), soutiennent que si l'on refusait d'annuler une transaction faite en exécution d'un titre nul, qu'on aurait par erreur supposée valable, sous prétexte qu'il y aurait une erreur de droit, ce serait contrevenir à l'art. 2054. Selon ces auteurs, les expressions de cet article disent clairement, que lorsqu'il y a eu transaction en exécution d'un titre nul, cette erreur annule la transaction, soit parce que ce n'est pas une erreur de droit, soit parce que, si c'était une erreur de droit, elle ferait exception et emporterait nullité. Ainsi, d'après cette opinion, point de conciliation possible entre l'art. 2052 et l'art. 2054; le second déroge au premier.

Voici cependant ce qu'a décidé la Cour de cassation dans l'espèce qui suit : un testament est nul ; à la mort du testateur, la veuve et les héritiers, divisés sur la composition de l'hérédité, ne s'occupent pas des vices dont le testament est infecté, et se figurant qu'il est valable, transigent et déterminent les parts de chacun; cette transaction a donc été faite en exécution du testament, c'est-à-dire d'un titre nul.

Le vice ne tarde pas à se faire connaître; quelques-uns des héritiers attaquent le testament, en alléguant que la nullité n'ayant point été agitée lors de la transaction, et par conséquent, comme il n'y a pas eu transaction sur cette nullité, ils sont recevables, aux termes de l'art. 2054, à faire prononcer la rescision de la transaction. Leur prétention ayant été repoussée en première instance et en appel, ils se pourvurent en cassation ; et à la date du 25 mars 1807, il intervint un arrêt qui rejeta le pourvoi par les motifs qui suivent :

« Attendu qu'aux termes de l'art. 2052 les transactions ont entre les parties l'autorité de la chose jugée en dernier ressort, et qu'elles ne peuvent être attaquées pour cause d'erreur de droit, ni pour cause de lésion; que l'erreur qui, suivant les demandeurs en cassation, vicierait les transactions passées entre eux et Claude-Esprit Rigot de Montjou, le 28 fructidor an XII, serait une erreur de droit ; que, par conséquent, ils étaient non recevables et mal fondés à en demander la nullité, etc. » (Merlin, Rép., *Trans.*). C'est la doctrine émise par cet arrêt qui a été combattue par Merlin et M. Rigal ; mais elle se trouve soutenue par beaucoup d'auteurs, et entre autres par MM. Troplong et Duranton. Il nous semble évident, en effet, que cet arrêt est conforme à l'esprit et à la lettre de la loi. Si le contraire pouvait être ; si l'une des parties pouvait, en pareil cas, exciper de son erreur d'une nullité de droit qui infecterait la transaction, on se demande quel pourrait être le sens et l'application de l'art. 2052 ; cette disposition pourrait toujours être éludée, s'il était permis à celui qui a transigé de venir dire que la transaction est nulle, parce qu'elle a été faite en exécution d'un titre nul en droit, et parce qu'ayant ignoré le vice dont il était entaché, il n'a pas transigé expressément sur cette nullité. S'il ne connaissait pas la nullité du titre, il avait certainement connaissance du titre lui-même, puisque c'est en exécution de ce titre qu'il a transigé ; son erreur portait donc sur les effets que pouvait produire ce titre, c'est-à-dire sur sa valeur juridique : ce qui est évidemment une de ces erreurs de droit auxquelles l'art. 2052 refuse d'une façon si générale et si formelle l'effet d'annuler une transaction.

Il faut donc concilier ces deux articles et restreindre l'application de l'art. 2054 au cas où, par une erreur de fait, l'une des parties a considéré comme valable un titre sur lequel l'autre fondait ses prétentions. On en trouve des exemples dans le réquisitoire de M. l'avocat général Daniels, qui porta la parole devant la Cour de cassation lors du procès que nous avons cité, et dont les conclusions furent adoptées. Ainsi, par exemple, lorsque l'héritier *ab intestat* a transigé sur la succession avec l'héritier testamentaire, et qu'il ignore que, par un acte postérieur, le testateur a révoqué son testament ; ou lorsque l'héritier d'un débiteur transige sur le montant de sa dette avec l'héritier du créancier, et qu'il ignore que le défunt lui a fait remise de la dette, il y a nullité ou révocation de titre en exécution duquel on transige ; l'héritier ignore cette nullité par une ignorance ou erreur de fait ; la transaction n'a été qu'une suite de l'ignorance de cette vérité : il y a donc lieu d'appliquer le principe établi par l'art. 2054.

M. Zachariæ (t. III, p. 147 , note 3) repousse , comme M. Merlin, la distinction que nous venons de faire ; mais il envisage la discussion sous un point de vue particulier , puisqu'il n'admet pas même qu'il y ait possibilité d'une antinomie à établir entre l'art. 2052 et l'art. 2054. Selon lui, la méprise où l'on est tombé en créant cette contradiction, provient de ce qu'à tort on a supposé que l'action en nullité, ouverte par l'art. 2054, repose sur l'erreur dont le consentement de l'une des parties a pu être entaché , tandis qu'en réalité cette action est basée sur le défaut de cause de la transaction. Or , en partant de ce point de vue , il est évident, suivant cet auteur, qu'il n'y a pas à rechercher , si de fait l'une des parties a ignoré la nullité du titre, et encore moins à distinguer si c'est par erreur de droit ou par erreur de fait qu'elle l'a supposé valable. Ainsi, suivant cette manière de voir, quand même les parties auraient connu la nullité du titre, cette nullité n'en serait pas moins une cause de rescision de la transaction qui s'en serait suivie ; s'il n'y a pas eu transaction sur cette nullité, il n'y a pas à se demander s'il y a erreur ou certitude , erreur de droit ou erreur de fait ; la transaction est également nulle dans les deux cas.

Il nous semble que, dans le cas prévu par l'art. 2054 , l'erreur et le défaut de cause sont intimement liés et concourent tous deux pour faire annuler la transaction ; on ne peut pas dire qu'elle soit nulle exclusivement pour défaut de cause, car on ne peut pas soutenir d'un autre côté que l'erreur des parties n'est pour rien dans cette nullité.

Pourquoi une transaction , faite sur un titre nul, est-elle rescindable ? c'est d'abord parce que les parties ont ignoré cette nullité, et ensuite, parce que, comme conséquence de cette erreur, la transaction manque de cause. La question de cause est donc, dans ce cas, corrélative de celle d'erreur ; et ce n'est pas exclusivement sur le défaut de cause qu'est fondée l'action en nullité, ouverte par l'art. 2054.

Quelle est d'ailleurs la conséquence logique de l'opinion de M. Zachariæ ; il le proclame lui-même : il n'y a pas à examiner ici si même les parties ont eu connaissance de la nullité du titre, ou s'ils l'ont ignorée ; du moment qu'elles n'en ont pas traité expressément, la transaction n'en est pas moins nulle pour défaut de cause. Quant à nous , nous repoussons cette conséquence ; car si les parties ont transigé, en connaissance de la nullité du titre, qui est le fondement de la transaction, mais sans traiter spécialement de cette nullité, il nous semble que la transaction n'en sera pas moins valable, par cela seul que les parties ont transigé en connaissance de cette circonstance. Nous comptons revenir sur cette question, en parlant plus spécialement de l'application de l'art. 2054 ; il n'en est pas moins vrai que dans le cas que nous envisageons ,, la transaction vaudra comme une renonciation faite par chaque partie à tout moyen de nullité contre le titre en question ; or , qu'est-ce qu'une renonciation réciproque de ce genre , si ce n'est une transaction ?

Il serait donc difficile d'établir que, dans le cas, le contrat serait absolument sans valeur. D'un autre côté, nous voyons dans l'art. 2055 qu'une transaction faite sur des pièces fausses est nulle, si les parties ont ignoré cette fausseté ; si donc , et suivant M. Zachariæ lui-même , une partie a connu la fausseté de ces pièces , elle sera censée avoir renoncé à la faculté d'en contester la vérité. Ne peut-on pas, ne doit-on pas conclure par analogie . que lorsque les deux parties ont connu la nullité du titre qui formait la base de leur transaction , elles sont toutes deux censées avoir renoncé à la faculté d'en contester la validité , absolument comme si toutes deux avaient connu la fausseté des pièces qui ont servi de fondement à leur traité. Il y aura , nous le répétons, dans les deux cas, renonciation réciproque, c'est-à-dire transaction. Quelle est d'ailleurs la cause de toute transaction ? C'est une contestation née ou à naître ; cette

11

contestation est sans doute impossible, tant que le titre sur lequel elle peut reposer est et reste nul ; mais du moment que les parties, sans cependant traiter spécialement de cette nullité, savent qu'elle existe, et transigent en parfaite connaissance de cause, elles admettent par là même ce titre comme valable, elles créent donc du même coup une cause à la transaction, en rendant une contestation possible entre elles. On ne peut donc pas dire que la transaction manque de cause, lorsque les parties ont transigé malgré la connaissance qu'elles avaient de la nullité du titre qu'elles prenaient comme fondement de leur transaction.

4. Nous avons déjà dit à plusieurs reprises qu'il fallait éviter de confondre la transaction avec les actes de ratification et de confirmation. Une discussion qui s'est élevée à propos de la comparaison de l'art. 2054 et de l'art. 1338, alinéa 3, nous prouve combien cette confusion est accréditée et combien il importe de la combattre. Voilà ce qu'on a dit à ce sujet : La transaction n'est autre chose qu'une ratification de l'acte sur lequel elle est intervenue ; or, aux termes de l'art. 1338, alinéa 2, la ratification emporte renonciation aux moyens et exceptions que l'on pourrait opposer contre l'acte ratifié ; d'un autre côté cependant, l'art. 2054 porte que lorsque la transaction intervient sur un titre nul, il faut que les parties transigent expressément sur cette nullité, sauf rescision. N'y a-t-il pas contradiction dans ces deux dispositions ?

Nous commencerons par dire que nous ne voyons aucune antinomie entre ces deux articles, puisque dans l'art. 1338 il s'agit d'une ratification, tandis que dans l'art. 2054 il s'agit d'une transaction ; or, nous avons déjà suffisamment démontré que ces deux actes sont différents, par conséquent les dispositions spéciales pour chacun d'eux ne sauraient en tout cas se contredire et empiéter l'une sur l'autre. Que la transaction puisse emporter dans certains cas, de la part des parties, renonciation à tous moyens d'attaque contre ce qu'elles ont jugé, il ne s'ensuit pas qu'elle soit un acte de ratification suivant l'art. 1338, et en tout cas, elle serait une ratification particulière, désignée sous une dénomination spéciale, et soumise à d'autres règles.

Il ne saurait y avoir de contradiction entre deux dispositions contenues dans des titres différents et statuant sur des matières qui ne sont pas les mêmes. Ainsi les parties veulent-elles confirmer un titre nul, elles seront tenues, aux termes de l'art. 1338, d'insérer dans l'acte de confirmation la substance de cette obligation, la mention du motif de l'action en rescision, et l'intention de réparer le vice sur lequel cette action est fondée. M. Marbeau (n° .233) a taché de montrer, par une comparaison fort ingénieuse, que transiger expressément sur la nullité d'un titre, c'était, au bout du compte, accomplir ces trois conditions ; mais quoique cela soit le cas général, nous croyons qu'une pareille transaction n'est pas soumise, sous peine de nullité, aux conditions de l'art. 1338, et que, de quelque manière que les parties manifestent leur désir de transiger sur la nullité du titre, la transaction sera valable du moment qu'elle sera formelle. Ainsi, suivant nous, la simple déclaration faite dans une transaction que les parties s'interdisent d'exciper des nullités dont se trouve entaché le titre sur lequel elles transigent, suffirait, toute générale qu'elle puisse être.

5. Nous ne saurions, d'un autre côté, décider avec M. Zachariæ (t. III, p. 147, note 3) que l'exécution d'une transaction faite par suite d'un titre nul, mais sur la nullité duquel les parties n'ont pas transigé, ne couvre pas la nullité de cette transaction. Il nous semble que, dans ce cas, l'exécution volontaire, c'est-à-dire faite en connaissance de cause, équivaut à une renonciation réciproque à tout moyen de nullité, et doit avoir la même force que la transaction expresse dont parle l'art. 2054. M. Zachariæ prétend que dans ce cas la transaction, qui a pour base le titre nul, se trouvera, malgré son exécution, dépourvue de cause. Cela ne nous semble pas exact, et nous reproduirons à ce sujet une argumentation que nous avons déjà présentée plus haut : Quelle est, en effet, la cause de la transaction ? C'est une contestation née ou à naître ; il est évident que si le titre

qui contient les éléments du litige est nul, ce litige n'a point d'existence, et la transaction manque par suite de cause; mais si les parties connaissent cette nullité et exécutent, sans toutefois transiger sur cette nullité, la transaction qui a été faite en prenant ce titre pour base, elles ont par là même renoncé à se prévaloir de cette nullité, et rendu possible une contestation entre elles; la transaction ne manque donc pas alors de cause, comme le prétend l'auteur que nous combattons.

6. Nous avons vu que l'erreur de droit n'était pas une cause de nullité dans les transactions; faut-il en conclure que l'erreur de fait vicie toujours la transaction? On peut répondre négativement, au moins en règle générale; car si un pareil principe était admis, il n'y aurait guères de transactions qui resteraient debout. Il ne faut pas examiner dans une transaction si la partie qui paie quelque chose a cru, à tort ou par erreur de fait, que son adversaire pouvait être créancier, tandis que c'était elle qui l'était; du moment que c'est un point douteux qui est la base de la transaction, il est évident qu'il y a erreur quelque part, et cette erreur ne doit pas être prise en considération. Il est impossible de transiger sans s'exposer à se tromper, puisque c'est précisément l'absence de toute certitude qui décide à transiger: il ne faut donc pas rechercher si ce que l'on sacrifie dans une transaction était dû oui ou non en vertu d'une cause antérieure. Y avait-il cause ou non de contestation? Voilà la seule question à se poser en pareille matière, du moment que les parties le croyaient: leur erreur, à cet égard, doit être indifférente au juge.

7. Voici la règle générale. Cependant il arrive des cas où l'erreur est tellement substantielle qu'elle doit influer sur le sort de la transaction. Si le consentement a été vicié par une erreur qui porte sur l'essence même du contrat, il importe que la transaction disparaisse. Une transaction peut donc être rescindée pour erreur de fait, lorsque cette erreur tombe soit sur l'objet de la contestation, soit sur la personne avec laquelle la transaction est conclue.

8. Les cas d'erreur sur l'objet de la contestation sont précisés par les art. 2054, 2055, 2056 et 2057 ; nous en traiterons ultérieurement, à propos des transactions nulles faute de cause, et nous passons immédiatement aux effets de l'erreur sur la personne.

Deux opinions se sont produites sur ce sujet : les uns prétendent que l'erreur sur la personne se confond toujours avec l'erreur sur l'objet même de la transaction ; d'autres, que la transaction étant un contrat fait invariablement *intuitu personæ*, est nul en tout cas, par le seul fait qu'il y a erreur sur la personne.

9. Il n'est pas exact de dire que l'erreur sur la personne se confond toujours avec l'erreur sur l'objet même de la transaction ; si cela arrive souvent, ce n'est cependant pas une raison pour généraliser. Mon père a légué une maison à Pierre ; un individu de ce nom, mais qui n'est pas le Pierre véritable, se présente pour demander l'exécution du legs ; j'élève des doutes sur l'existence de ce legs ; au lieu de plaider, nous transigeons ; dans ce cas, il est évident qu'il y a erreur à la fois et sur la personne et sur l'objet ou sur la cause de la transaction ; d'abord, ce n'était pas le Pierre véritable qui se présentait au contrat, en second lieu la transaction manquait d'objet, puisqu'il n'y avait pas de différend sérieux et réel entre le faux Pierre et moi ; ici donc la confusion existe entre l'erreur sur la personne et l'erreur sur l'objet. Mais voici une autre espèce, sur laquelle nous fondons la réfutation de l'opinion que nous prétendons combattre : Pierre, le véritable légataire, s'est présenté ; j'ai transigé avec lui, mais je découvre que je croyais avoir affaire à une autre personne que celle avec laquelle j'ai contracté : ici, on le voit, il n'y a plus de confusion possible ; l'erreur porte non plus sur l'objet de la transaction, car la contestation qu'elle a prévenue était bien fondée, mais simplement sur la personne du contractant. Mais, dans ce cas, l'erreur sera-t-elle toujours une cause de nullité, sous ce prétexte général que la transaction est faite *intuitu personæ?* Nous croyons pouvoir résoudre la question par une appré-

ciation de faits. Si c'est la considération de la personne avec laquelle j'ai cru transiger qui m'a déterminé à le faire, il y a lieu d'accorder l'action en nullité dont parle l'art. 1110 ; si, au contraire, mon seul but a été d'éviter un procès, s'il est clair que j'eusse également transigé sous les mêmes conditions quand même je n'eusse pas été dans l'erreur, et que, par conséquent, ce n'est pas une cause personnelle à celui avec lequel j'ai cru transiger qui m'a poussé à contracter, la transaction ne pourra pas être attaquée pour cause d'erreur.

Ces espèces prouvent suffisamment que d'un côté l'erreur sur la personne ne se confond pas toujours avec l'erreur sur l'objet, et, en second lieu, qu'il ne faut pas, en règle générale, annuler une transaction sous ce prétexte qu'elle est toujours faite *intuitu personæ*, puisqu'il se rencontre des cas où la qualité de la personne est sans influence sur l'existence du contrat.

10. A l'erreur sur l'objet et la personne, il faut joindre l'erreur sur la nature de la contestation : c'est ce qui arriverait si l'une des parties entendait transiger sur la possessoire seulement, et l'autre sur la pétitoire.

11. Lorsque deux personnes appelées à recueillir dans une succession à l'exclusion l'une de l'autre, d'après un événement incertain, des parts qu'elles croyaient égales, ont transigé en convenant de partager par moitié, quel que fût l'événement, l'émolument de leurs droits respectifs et éventuels, l'erreur où elles auraient été touchant la qualité seulement du droit de l'une d'elles ne porte pas sur la substance même de la chose qui a fait l'objet de la transaction, et par suite n'entraîne pas la nullité de cette transaction (Cour d'appel de Paris, 7 juin 1851; Sirey, 1851. II, 638).

12. Une transaction est susceptible d'être annulée pour défaut de cause, lorsque les droits de l'une des parties n'avaient absolument rien de douteux , ou que ses prétentions étaient évidemment dénuées de toute espèce de fondement. C'est ce qui a lieu notamment dans les cas que nous allons énumérer.

13. Une transaction est nulle, si elle a été faite en exécution d'un titre nul, à moins que les parties n'aient expressement transigé sur la nullité (2054).

14. Mais la transaction sera-t-elle nulle, si les parties, tout en n'ayant pas expressément transigé sur la nullité, avaient cependant connaissance exacte de cette nullité au moment de contracter ? Nous pensons devoir décider que non ; car les parties ont traité en parfaite connaissance de cause. La loi veut, il est vrai, une transaction expresse sur la nullité; mais elle a simplement voulu dire par là que la connaissance de la nullité ne devra pas se présumer. Comment, d'ailleurs, les parties pourront-elles attaquer la transaction qu'elles ont faite ? elles ne pourront exciper que de leur erreur, c'est-à-dire d'une erreur qui n'existait pas, car notre hypothèse est toujours qu'elles connaissaient la nullité en question.

15. Le mot titre nul, dont se sert l'art. 2054, désigne l'acte juridique sur lequel se fondent les prétentions qui font l'objet de la transaction ; mais il importe de remarquer ici que la nullité de l'acte instrumentaire constatant une convention ou une disposition, ne donne lieu à l'application de cet article, qu'autant que la validité de la disposition ou de la convention elle-même est subordonnée à la validité de l'acte instrumentaire dans lequel elle est consignée; ainsi donc, si la convention, qui est la base de la transaction, peut être établie par la preuve testimoniale, la transaction sera valable, malgré la nullité de l'acte instrumentaire qui contiendra cette convention.

16. La transaction faite sur des pièces qui depuis ont été reconnues fausses, est entièrement nulle (2055). La première rédaction de l'art. 2055 contenait un principe plus rigoureux ; elle était ainsi conçue : «La transaction faite sur des pièces fausses est entièrement nulle.» Ce fut lors de la discussion au conseil d'État que, sur la proposition de M. Jollivet, on substitua à cette rédaction celle qui est restée définitive et qui porte que la transaction ne peut être attaquée à raison de la fausseté des pièces sur lesquelles elle

a été faite, que sous la condition que les parties ou l'une des parties ignoraient cette circonstance. Quant à la partie qui connaissait la fausseté des pièces qui ont servi de base à la transaction, elle ne saurait se prévaloir de cet article, et elle sera présumée avoir renoncé à la faculté d'en contester la vérité.

17. Ces mots de l'art. 2055, « est entièrement nulle », ne doivent pas être entendus dans ce sens que la transaction est radicalement nulle : elle est simplement annulable ; ils mettent aussi en relief ce principe du Droit français, que les transactions sont indivisibles. D'après le Droit romain, la transaction conservait sa force pour les chefs auxquels la pièce fausse ne s'appliquait pas, *aliis capitulis firmis manentibus*; le Code, au contraire, l'annule tout entière, même pour les chefs étrangers à la pièce fausse. Cette innovation du Droit français est logique, car on ne doit voir dans la transaction que des parties corrélatives, qui, si elles sont indépendantes quelquefois quant à leur objet, n'ont pas moins servi les unes par les autres à déterminer la volonté des contractants.

On peut ajouter avec M. Bigot de Préameneu (Exp. des mot.), qu'on eût moins risqué de s'écarter de l'équité, en décidant que celui contre lequel on se serait servi de la pièce fausse, aurait l'option ou de demander la nullité du contrat en entier, ou d'exiger qu'il fût maintenu quant aux objets étrangers à la pièce fausse ; mais la règle générale que tout est corrélatif dans une transaction, est celle qui résulte de la nature du contrat, et ce qui n'y serait pas conforme ne peut être exigé par celui même contre lequel on s'est servi de la pièce fausse.

18. Toute transaction est nulle lorsqu'elle a pour objet une contestation terminée par un jugement passé en force de chose jugée, dont les parties, ou l'une d'elles, n'avaient pas connaissance (2056). On comprend, en effet, qu'une pareille transaction interviendrait sur un droit qui n'aurait plus rien de douteux au moment où les parties ont transigé, sur une contestation totalement dénuée de fondement. Mais

il importe de donner une interprétation raisonnable à ces mots : «dont les parties ou l'une d'elles n'avait pas connaissance», car si on les prend à la lettre, il faudra décider que la transaction est nulle, si le jugement était ignoré du perdant comme du gagnant Or, une pareille doctrine nous paraîtrait illogique, car le seul intéressé à demander la nullité de la transaction, c'est-à-dire le gagnant, aurait contracté en parfaite connaissance de cause, sachant bien que le jugement a été rendu en sa faveur. Sans doute, il n'était pas sûr dans sa conscience qu'il fût dans le bon droit, et il avait des scrupules de se prévaloir d'un jugement qui lui avait accordé sa demande Il faut donc rectifier l'art. 2056, en ce sens que la partie gagnante qui aura traité en connaissance de cause du jugement rendu en dernier ressort, ne pourra attaquer la transaction qu'elle aura sciemment consentie. Dans ce cas, cette transaction sera de sa part une renonciation à des droits bien établis en sa faveur; elle pourra valoir aussi comme transaction sur les recours extraordinaires, au moyen desquels le jugement aurait pu être attaqué.

19. L'art. 2056 ajoute que la transaction est valable, quoique faite dans l'ignorance du jugement, s'il est encore susceptible d'appel, au moment où elle a été faite. Dans ce cas, en effet, il y a encore matière à litige, puisque tout peut être remis en question ; le droit est encore litigieux, il y a encore une cause pour la transaction. On peut à la vérité, dit M. Bigot de Préameneu, «présumer que si la partie qui avait obtenu un succès l'eût connu (le jugement), elle eût cherché à en tirer avantage dans la transaction ; mais il suffit que le jugement rendu fût alors susceptible d'appel, pour qu'il y eût encore doute, et lorsque la base principale de la transaction reste, on ne saurait, sur une simple supposition, l'anéantir.»

20. L'art. 2056 ne fait pas mention du pourvoi en cassation, parce qu'en effet ce pourvoi n'empêche pas qu'il n'y ait un droit acquis, dont l'exécution n'est pas suspendue. Il faut donc décider que la transaction est nulle, si le juge-

ment ignoré des parties n'était pas susceptible d'appel, quoiqu'il fût susceptible d'être cassé; car, comme le disait le conseiller d'État Muraire, l'effet de la disposition de cet article est limité au cas où ce jugement serait sujet à appel.

M. Rigal, cependant, soutient le contraire; mais il nous semble que son opinion doit tomber devant les principes émis à cet égard, soit par le rapporteur, soit dans le cours de la discussion au conseil d'État.

21. On doit décider, d'un autre côté, qu'un différend jugé en dernier ressort peut encore, lorsque le jugement est susceptible d'être attaqué par une voie de recours extraordinaire, former l'objet d'une transaction en ce qui concerne l'admissibilité et les suites de ce recours (Exp. des mot.).

22. La transaction est nulle, lorsqu'étant intervenue sur un objet déterminé, il se trouve constaté par des pièces nouvellement découvertes que l'une des parties était absolument sans droit. Ainsi, la transaction intervenue sur un différend relatif à l'existence d'une créance est nulle, si le prétendu débiteur découvre ensuite une quittance; mais nous pensons avec M. Zachariæ (tome III, p. 149, note 7) que, si les pièces nouvellement découvertes ne faisaient que confirmer les droits de l'une des parties, celle-ci ne pourrait s'en prévaloir pour demander l'annulation de la transaction, sauf le cas où l'autre partie les aurait retenues par dol.

23. La transaction intervenue généralement sur toutes les affaires que les parties pouvaient avoir ensemble, ne peut être attaquée sous prétexte de la découverte de pièces nouvelles, à moins qu'elles n'aient été retenues par le fait de l'une des parties (2057).

24. Nous avons déjà vu plus haut quelle était à cet égard la différence du Droit français et du Droit romain. Ce n'est donc pas sans étonnement que l'on voit dans la discussion à laquelle a donné lieu au conseil d'État l'art. 2057, M. Malleville prétendre que cet article est littéralement calqué sur le Droit romain. Il importe aussi de relever à ce propos un oubli que, dans le cours de la même discussion, M. Tronchet commettait, en répondant au premier consul, qu'il y a ou-

verture à requête civile contre un jugement en dernier ressort, quand on découvre des pièces nouvelles qui changent
le droit des parties. M. Tronchet oubliait, en effet, qu'il n'y
a lieu à requête civile que lorsque les pièces ont été retenues ou célées par le fait de l'une des parties ; c'est du reste
ce qu'a fait remarquer après lui le conseiller d'État Berlier.

25. Le Code Nap. n'admet pas en matière de transaction
l'action en rescision pour cause de lésion (2052), disposition
qui nous semble superflue, puisqu'aux termes de l'art. 1118
la lésion n'est une cause de nullité que dans les contrats rigou-
reusement déterminés par la loi. Ce qui expliquerait cette
redondance, c'est qu'à une certaine époque de l'ancienne jurisprudence, on admettait la rescision pour cause de lésion
dans le contrat qui nous occupe. Cette latitude donna lieu,
à ce qu'il paraît, à des tentatives multipliées pour revenir
contre les transactions. Cependant, comme le fait remarquer
M. Bigot de Préameneu, il n'y a point de contrat à l'égard
duquel l'action en lésion soit moins admissible. Il n'y aurait
point de transactions, si les droits des parties étaient nettement définis et appréciables au point que l'on puisse déterminer s'il y a eu oui ou non lésion. Il n'est point, d'ailleurs,
de l'essence de ce contrat que les obligations se balancent
mutuellement, et les sacrifices qu'elle entraîne peuvent avoir
une étendue illimitée. *Transactionibus receptum est ut pro
modico magna amittamus;* les droits étaient douteux, et il
est impossible de dire jusqu'à quelle limite chaque partie
pourrait restreindre ses prétentions.

Aussi, l'exercice de l'action en lésion donna-t-il lieu sous
l'ancienne jurisprudence à de graves abus, et l'ordonnance
d'avril 1560, rendue par Charles IX, parut pour confirmer
toutes les transactions qui auraient été passées entre majeurs
sans dol ni violence, et pour interdire, sous de grandes peines, aux juges d'avoir égard à l'action en rescision pour
cause de lésion d'outre moitié, ou même de lésion plus
grande, aux officiers des chancelleries de délivrer les let-
tres alors nécessaires pour intenter cette action, et à toutes
personnes d'en faire la demande.

C'est ce principe si logique et si salutaire qu'a consacré en dernière analyse l'art. 2052 du Code civil.

26. L'erreur de calcul dans une transaction doit être réparée (2058). Ce principe est général; en quelque temps et en quelqu'acte que se rencontre une erreur matérielle, elle pourra être redressée. Mais il importe de bien saisir ce que le Code entend par une erreur de calcul; il ne s'agit pas ici, bien entendu, d'une prétention soit exorbitante, soit trop réduite de la part de l'une des parties ; ce n'est pas ici une question d'appréciation, mais simplement une vérification de chiffres, une question d'arithmétique.

Les paroles, que prononçait sur ce sujet M. Bigot de Préameneu, pourraient, peut-être, engendrer quelque obscurité sur la manière d'entendre ces mots : «Mais on ne pourrait pas, dit-il, également regarder comme certaine cette volonté, s'il s'agissait d'erreurs de calcul faites par les parties dans l'exposition des prétentions sur lesquelles on a transigé. Ainsi, la transaction sur un compte litigieux ne pourrait pas être attaquée pour cause de découverte d'erreur ou d'inexactitude dans les articles du compte.» Ce commentaire officiel réclame une interprétation. Si les chiffres avancés par l'une des parties dans un compte litigieux, comme estimation de ses prétentions, paraissent à l'autre exagérés, il n'y aura pas lieu pour cette dernière d'invoquer l'art. 2058 ; dans ce cas, il n'y a pas erreur de calcul véritable, mais erreur sur le fond même de droit. Mais faut-il conclure des paroles du rapport, qu'une erreur d'arithmétique dans un compte litigieux doit demeurer irréparable? Nous le pensons d'autant moins, que voici la rédaction primitive de la fin de l'art 2058 : «Mais la transaction sur un compte litigieux ne peut être attaquée pour cause d'erreur ou d'inexactitude dans les articles du compte.»

Or, cette rédaction fut repoussée sur l'observation de M. Tronchet, qui fit remarquer que ce paragraphe blessait le principe généralement reçu, qu'on est admis dans tous les cas à revenir contre les erreurs de calcul.

Il faut donc décider formellement que l'erreur de calcul

doit être réparée dans les transactions, du moment que
cette erreur est une faute d'arithmétique.

PROPOSITIONS.

JUS ROMANUM.

1. Si post impetratam bonorum defuncti separationem et
istius bonis venditis, hereditarii creditores non ad solidum
pervenerunt, non poterunt pro residuo cum propriis heredis creditoribus concurrere.
2. Quæritur an, in eodem casu, poterunt quod non solutum
erit, in bona heredis consequi; creditoribus heredis
dimissis? Certant jurisconsulti.
3. Justinianus solummodo novum spatium introduxit, quo
ususfructus amitteretur; non vero novum modum.
4. Non denegetur ei interdictum uti possidetis qui cœpit rem
vindicare.

DROIT CIVIL FRANÇAIS.

1. La résolution du bail principal pour défaut de paiement
n'entraîne pas la résiliation des sous-baux.
2. La nullité d'une donation pour défaut d'acceptation
peut être invoquée par le donateur.
3. Le ministère public est admissible à interjeter appel d'un
jugement qui prononce la nullité d'un mariage.

DROIT CRIMINEL.

1. Le détournement d'un objet prêté n'est pas un abus de confiance.
2. La tentative d'avortement volontaire n'est pas punissable quand elle n'a pas produit l'effet qu'on en attendait.

DROIT PUBLIC.

1. Un étranger peut être arbitre forcé.
2. L'exercice de l'action publique ou privée, résultant contre un ministre du culte d'un fait par lui commis à l'occasion de ses fonctions, n'est pas suspendu jusqu'à ce que la partie lésée ait usé de la faculté de recours comme d'abus que la loi lui donne contre ce ministre.

Vu par le président de la thèse, SCHUTZENBERGER.

Vu le 16 avril 1852. Le doyen, E. AUBRY.

Vu le 18 avril 1852.

Pour le recteur en congé, l'inspecteur délégué, A. WILLM.

FIN.

www.ingramcontent.com/pod-product-compliance
Lightning Source LLC
Chambersburg PA
CBHW071106210326
41519CB00020B/6194